Ruth Werner

Kurgespräche

Ruth Werner

Kurgespräche

Verlag
Neues Leben
Berlin

ISBN 3-355-00400-6

Lizenz Nr. 303 (305/315/88)
LSV 7001
Schutzumschlag und Einband: Jürgen Malik
Typografie: Walter Leipold
Schrift: 12p Baskerville
Gesamtherstellung: Karl-Marx-Werk Pößneck V15/30
Bestell-Nr. 644 264 8
00680

Erschöpft war ich am Kurort angekommen, mußte längere Zeit nach einem vom Sanatorium aus nicht sichtbaren Parkplatz suchen – Autos waren hier unerwünscht –, betrat verspätet mein Einzelzimmer und erschien gerade noch zur Zeit, um, wie auf der von der Schwester ausgehändigten Kurkarte verzeichnet, mit der ersten Schicht mein lächerlich frühes 17.30-Uhr-Abendbrot einzunehmen, für welche Maßnahme Verständnis vorausgesetzt wurde, denn das Personal müsse ja usw. usw.

Ich ging durch den Saal, um Tisch Nr. 5 zu lokalisieren, stellte mit Unbehagen fest, daß dort eine uralte Dame saß, die, in den heutigen Zeiten, da Siebzehnjährige bereits Kinder in die Welt setzen, meine Mutter hätte sein können – ich zweiundsechzig und sie schätzungsweise Ende Siebzig. Was für ein Mißgeschick, alle anderen Tische waren voll besetzt. Dreimal täglich ein auf die Nerven gehender Partner kann den Appetit einschränken, obwohl dies nicht entscheidend wäre bei meinen zwei Zentnern.

Ich verbeugte mich knapp und murmelte: „Horst Brehmer."

Sie streckte mir die dünne, braungefleckte Hand entgegen.

Ich habe keine Beziehung zu alten Damen, außer daß ich ihnen in öffentlichen Verkehrsmitteln, die ich selten benutze, einen Sitzplatz anbiete. An meine Großmutter kann ich mich nicht erinnern, meine Mutter starb bei meiner Geburt. Ich hatte vor, die Unterhaltung mit der alten Dame aufs Notwendigste zu beschränken.

Sie kicherte.

Auch das noch.

„Sie Reduktion, ich Aufbaukost, wollen wir tauschen?"

Und ich, ohne die Spur eines Lächelns: „Das ist wohl nicht der Sinn der Sache."

„Aha", sagte sie und maß mich mit abwägendem Blick.

Weitere Worte wurden nicht gewechselt. Ein tüchtiges Sanatorium, noch keinmal untersucht worden, aber schon stand meine Diät fest: ein Apfel und zwei Scheiben Knäckebrot. Sie trugen nicht zur Verbesserung meiner Laune bei. Ich nahm mir vor, die Serviererin zu bitten, meine Schicht zu tauschen, mit der handfesten Erklärung, der Doktor habe mir bereits zu Hause zwecks Abnehmens lange Spaziergänge verordnet, die sich besser mit den späteren Mahlzeiten vereinbaren ließen. Obwohl ich mich mit berechtigtem Stolz als Moralist und Kämpfer gegen die Losung „Durch gute Beziehungen schnelle Lieferung" wende, wollte ich ihr diskret ein Figürchen aus Moçambique oder besser den kleinen indischen Buddha in die Hand gleiten lassen.

Bevor der letzte Rollwagen zur Entgegennahme des gebrauchten Geschirrs davoneilte, hatte die brave Person die neuen Zeiten in meine Kurkarte eingetragen.

Die Dame verabschiedete sich mit einem leisen, beinahe schüchternen „Gute Nacht!“. Sie trug einen Hosenanzug, ihr weißes Haar wirkte, von hinten gesehen, unordentlich. Ich habe mich nicht gut benommen. Warum hatte ich nicht darauf bestanden, meine liebe Frau, meinen Kameraden, mitzunehmen? Eva wollte den kurz bemessenen Heimaturlaub bei unserer Tochter verbringen. Wenigstens war ich nun, wenn auch schlechten Gewissens, die alte Dame los.

Ich stellte den Wecker. Bereits früh um sieben Uhr lag mein Untersuchungstermin.

Am Morgen blickte ich aus dem Fenster auf die Schneelandschaft, zog den Trainingsanzug an, war endlich, endlich dem verhaßten Schlips-und-guten-Anzug-Protokoll entronnen. Ab übermorgen würde ich am Waldlauf teilnehmen und versuchen, ohne Zigaretten auszukommen.

Ich ging spät in den Speisesaal, um der Alten aus der ersten Schicht nicht zu begegnen. Bei Gelegenheit würde ich ihr erklären ... Doch es gab nichts zu erklären. Sie saß am Tisch Nr. 5 und stocherte unlustig in ihrer Weizenkeimpampe herum. Für einen Rückzug war es zu spät.

Ich stammele irgendeine Entschuldigung.

Sie entgegnet, ohne zu stammeln: „Ich hab mir

gesagt, tauschst du lieber die Schicht, ehe dir dein bißchen Appetit vergeht. Es ist schließlich wichtig, mit wem man dreimal am Tag zusammen ißt."

Ich will mich entschuldigen, doch bevor ich dazu komme, beginnt sie zu lachen, laut und ungeniert mit ihrem zu groß geratenen Mund. Am Nebentisch dreht man sich bereits um.

„Nein, das ist zu komisch", sagt sie, zu Atem kommend, „Ihr entsetzter Blick ... Und was machen wir jetzt? Ich bin überhaupt nicht gekränkt; wissen Sie, ich esse viel lieber allein, als das Gefühl zu haben ..."

Den Stuhl ergreifend, sage ich mit fester Stimme: „Ich bleibe hier."

„Also gut, machen wir das Beste draus. Wenn etwas frei wird für Sie an einem anderen Tisch ..."

Offensichtlich wollte sie mich aus der Befangenheit retten, sprach vom Kurort, in dem sie sich bereits zum drittenmal aufhielt, lobte das Sanatorium und die Betreuung. Weniger gefiel mir, wie sie sich über die Unterhaltungsabende in der Festhalle mokierte. Da wir beide im Einbettzimmertrakt wohnten, zählte sie mich wohl zur Intelligenz. Irrtum, ich mag Schnaderhüpferl auf erzgebirgisch, Trachtentänze, Witze in einheimischer Mundart und hatte vor, alles unbeschwert zu genießen.

Die Serviererin trat an den Tisch, legte eine zum Tütchen gefaltete Papierserviette neben meinen Teller und sagte patzig verlegen: „Meine Schuld ist es nicht."

„Was soll denn das?" fragte ich, nichts begreifend.

Der kleine geschnitzte Buddha kullerte aus dem Papier.

Die alte Dame sah den Buddha an und dann mich. Zum zweitenmal während dieses Frühstücks lachte sie in voller Lautstärke. „Moral einer Serviererin."

Gut, wenn sich jemand einen Sinn für das Komische bewahrt hat, aber nicht auf meine Kosten. Ein hartes Leben liegt hinter mir, und ich habe es auch jetzt noch verteufelt schwer. Unsere Probleme sind kein Honigschlecken, das konnte sich diese Rentnerdame – ich nahm an, Professorenwitwe, die wikkeln wir ja in Watte – hinter die Ohren schreiben. Auslachen ließ ich mich nicht gern. Jetzt verschluckte sie sich auch noch, griff ungeschickt nach der vollen Tasse und kippte sie um. Geschah ihr recht. Nun hätte *ich* lachen können. Aber als Mann mit Manieren benutzte ich die Papierserviette zum Auftupfen des nassen Fleckes.

Sie lacht nicht mehr, sie sagt betreten: „Mir fällt schon alles aus der Hand."

Und ich gutmütiges Schaf tröste die Alte: „Das kann jedem passieren."

Ein dankbarer Blick ihrerseits.

Sie mußte zum Reizstrom und ich in die Wanne.

Während des Mittagessens genierte sich die Witwe des berühmten Mannes nicht, diesmal allerdings ohne Lachen, die Buddhafigur zu erwähnen, fragte, ob ich Indien kenne, und begann, über Indira Gandhis Tod und den Sohn als Nachfolger zu sprechen. Fängt einer an, vernünftig über Politik zu reden, bin ich gleich dabei. So erfuhr sie im Verlauf des Gesprächs, daß ich Ingenieur für Hydraulik bin, Indien kenne und fast alle Länder der „dritten Welt", wo Brunnen, Pumpen, Melioration, Wasserkraftwerke gebraucht werden. Ernst und völlig bei der Sache, hörte sie zu, bis zwei Männer sie mit Ausrufen der Freude, Umarmungen und Küssen begrüßten. Letzteres ist leider bei uns üblich geworden, dadurch verliert es seinen Wert, und unhygienisch ist es außerdem. Hat heute ein Siebzigjähriger Gratulationscour, kann er froh sein, wenn er ohne Infekt über die Runden kommt. Im Falle der alten Dame war ich zufrieden, sie an ihre Freunde loszuwerden. Sie lachte schon wieder mit ihrem breiten Mund – wenigstens hatte sie nicht eine so strahlend weiße Perlenkette für ihre Dritten gewählt –, aber warum sollte sie nicht lachen. Auch wenn sie so alt war? Mit dem Personal stand sie sich übrigens gut. Die Serviererin war für sie „Frau Lore", und es war einmal von deren Mann und Kindern die Rede. Sicherlich hatte sie ohne Zuhilfenahme von Reiseandenken den Platz in die andere Schicht getauscht. Nun würden wir wohl mit ihren Freunden an einem Tisch sitzen, die sie Katharina, Kat, Katinka, Katze gerufen hatten, nein – sie waren weit entfernt von uns plaziert worden.

Nach der Mittagsruhe ging ich spazieren – ich suche gern eigene Wege –, folgte dem Pfeil, der in den Wald wies, und befand mich bald auf einem schmalen Pfad zwischen hohen Tannen. Drei Stunden Zeit bis zum Abendbrot. Es war kalt, der Schnee knirschte und würde liegenbleiben. Ich mußte vorsichtig sein. Nach Rückkehr vom Aufenthalt in den heißen Ländern hat sich schon mancher eine Bronchitis geholt.

Zum erstenmal fühlte ich mich frei, kein Mensch war unterwegs, nur in der Ferne, kaum erkennbar, eine Gestalt: Stiefel, Mütze, Hosen, Knüppel oder Stock, Einwohner oder Kurgast, im Winter und so weit fort kaum zu unterscheiden. Mich lockte ein Weg, der rechts abbog und bergan führte. Die Gestalt da vorn ging unsicher, schwankte, rutschte aus, fiel hin, rappelte sich auf, kniete im Schnee, beugte sich über den Abhang. Konnte mir schon denken, warum. Ich mag kein Übermaß an Alkohol. Ich bog nicht ab, ging hinterher, holte sie ein – und natürlich, natürlich: die Alte vom Tisch Nr. 5. Wie konnte sie hier allein herumlaufen! Warum hatten sie ihre Küßfreunde nicht begleitet? Ich, der so gern ohne Gesellschaft wandert, beschleunigte meinen Schritt.

Mit unterdrückter Wut frage ich, was sie in Gottes Namen hier tue.

Sie antwortet: „Ich geh so gern allein spazieren."

Mit welken, hängenden Hamsterbacken und der vom Frost geröteten großen Nase steht sie vor mir und sieht mich mit Augen, die das Beste an ihr sind, demütig an. Die Daumen ihrer Fausthandschuhe sind leer. Daß die vereinten Finger besser wärmen, weiß sie also auch.

„Zugegeben, ganz sicher fühle ich mich nicht;

mein Stock ist nämlich beim Fallen den Abhang hinuntergerutscht. Ich wollte zur Futterstelle; kommen keine Rehe, sind bestimmt die Vögel da."

„Und wenn Sie sich die Knochen gebrochen hätten?"

„Passiert mir nicht, ich hab mal Jiu-Jitsu gelernt oder, wie heute die jungen Leute sagen, Judo."

Meine Gutmütigkeit siegt über den Ärger, bleibt mir ja auch gar nichts anderes übrig. Ich ziehe ihren dürren, zu langen Arm durch meinen – wie sie denken mag – zu fetten. Ihr Schritt kann sich dem meinen nicht anpassen, wir erreichen kein gleiches Maß, das macht mich vollends nervös. Der Pfad wird enger, der Schnee tiefer, sie läuft nun, stumm in meine Stapfen tretend, hinter mir her. Ich vergesse ihre Gegenwart. Nach einer Weile tippt sie mich an und gibt mir, als ob wir bisher geredet hätten, ein Zeichen zu schweigen.

Ich erstarre, ihrem Vorbild folgend, zur Salzsäule. Das Märchen wird wahr: Zwei, vier, fünf Rehe nähern sich, äugen nach allen Richtungen und zupfen Heu aus der Raufe.

Wer viel in tropischen Ländern gelebt, lange keinen Schnee gesehen hat und nun überall dieses Weiß erblickt und die grazilen Tiere, der kann, erschöpft und abgearbeitet, schon mal feuchte Augen bekommen. Wir atmen kaum.

„Schade, ich kann nicht so lange stehen", flüstert sie und bewegt sich. Die Tiere flüchten.

Die alte Dame ist offensichtlich müde.

Hinter der Raufe befindet sich eine wacklige

Bank. Ich entferne den Schnee, hole Heu heran und polstere einen Sitz. Sie wischt den Schnee daneben fort, ich ziehe vor, auf und ab zu gehen. Sie sagt, daß sie am liebsten die Natur beobachte oder Kinder. „Mir kommen schon die Tränen, wenn die Geburt eines Kindes nur im Film gezeigt wird."

Und mir, wenn ich einen aufgeweckten, fröhlichen Jungen von zehn Jahren sehe, da ist meiner gestorben. Herzversagen. Wir bekamen noch ein Mädchen, sie ist nun zwanzig Jahre alt, unser ganzes Glück, aber die Trennungen, während wir im Ausland arbeiten. Und wenn wir auf Urlaub zu Hause sind, verwöhne ich Jeannette aus schlechtem Gewissen. Sie bekommt alles, was sie will, sie weiß gar nicht mehr, was sie sich wünschen soll. So war das schon immer. Ich bin ein schlechter Vater – Schluß damit!

Der alten Dame suche ich einen Knüppel. Wir gehen zurück auf dem schmalen Pfad, ich laufe wieder voraus.

Sie sagt: „Sie haben einen Seemannsgang."

„Wieso?"

„Darauf versteh ich mich. Außerdem sind Sie unheimlich stark trotz Ihrer zwei Zentner, die nicht nur Muskeln sind."

„Wer einmal so geschuftet hat wie ich ..."

Meinen Vater hab ich nie gemocht, ein Holzfäller, der so viel wilderte, daß er ins Kittchen kam. Das störte mich nicht weiter. Viel mehr störte mich seine zweite Frau, die böse Stiefmutter, die nicht nur in den Märchen vorkommt. Sicherlich gibt es im Leben ebenso viele gute, aber die, derentwegen man davonläuft und Schiffsjunge wird, gehört zu den schlechten.

Ich war vierzehn und sah, wie man so sagt, die Welt. Das heißt, meine Welt beschränkte sich auf die Quadratmeter unseres Zehntausendtonnenfrachters, Route Südostasien. Es gab nur wenig Weiße: zwei Engländer, einen Norweger, ein paar Deutsche; die meisten schweren Arbeiten verrichteten Farbige. Exotik, Palmenlandschaft, flinke Äffchen im Dschungel verschmolzen für mich mit Armut, Seuchen, Angst vor den Huren und keinerlei Angst vor der einen, die dunkel war und wie ich noch ein halbes Kind. Und dann Einlieferung ins Krankenhaus in Singapur. Das hatte nichts mit der Kleinen zu tun, die in meiner Jungenromantik eine Prinzessin blieb. Soll ich heute darüber lachen? Kann man sich nicht etwas, was schön war anstatt peinlich oder mißlungen, als Traum bewahren?

Typhus in Singapur – und ab in die Heimat! Wer sein Zuhause nicht mag, dem ist auch das Vaterland keine Bindung. Es gab nichts, worauf ich mich freute.

Ein bißchen davon hab ich der alten Dame erzählt, die nun mit mir auf dem breiten Weg ging. Warum? Es ergab sich so, und zuhören konnte sie. Doch nun stand sie abrupt still, gab mir die Fausthandschuhe zu halten und schien etwas zu suchen. Ob ihr ein Taschentuch fehlte? Das war ich von meiner Frau gewohnt; aber schließlich konnte ich der alten Dame nicht meins anbieten. Nein, der Personalausweis war verschwunden. Ich schlug vor, zur Bank bei der Futterstelle zurückzugehen; sie bestand gegen meinen Willen darauf, mich zu begleiten. Purer Alterseigensinn.

Wir fanden den Ausweis nicht, es begann zu dunkeln. Unpünktlichkeit bei den Mahlzeiten war nicht beliebt, wir mußten uns beeilen.

Sie beklagt ihr schwaches Gedächtnis: „Geistig regsam bin ich nur noch auf meinem Gebiet, da kann ich eine Stunde lang, ohne aufs Blatt zu schauen, einen Vortrag halten, und keinen langweiligen, da bin ich auch jeder Diskussion gewachsen."

Ich frage verärgert und mit wenig Interesse nach ihrem Gebiet.

„Anthropologie – aber wenn die Hörer mich privat zu Hause erleben würden, da weiß ich heute nicht mehr, was gestern geschehen ist. Ich hab mir sagen lassen, die meisten Alten merken's nicht, wenn sie senil werden. Die haben's gut, sie gehen nur anderen auf den Nerv."

Damit hat sie recht.

„Zum Teil ist's psychologisch bedingt. Ich fürchte plötzlich, den Namen von dem Mann, den ich nennen wollte, oder die Pointe einer Geschichte zu vergessen. Das tritt dann auch prompt ein. Oder die Angst, mich zu wiederholen. Aus Vorsicht frage ich die Leute lieber: ‚Hab ich Ihnen das schon einmal erzählt?' Die Höflichen sagen ‚Nein!' und hören sich's ergeben zum zweiten- oder, fürchterlich, drittenmal an. Wenn ich Ihnen, Herr ... Wie heißen Sie noch? Entschuldigen Sie, also wenn ich Ihnen dasselbe zweimal erzählen will, bitte unterbrechen Sie mich. Dabei weiß ich manches Interessante und erlebe immer wieder neue Dinge."

„Dann sind Sie doch keineswegs alt."

„Das ist ja gerade der Widerspruch. Man ist noch so an allem interessiert und ..." Ein Handschuh gleitet zur Erde. „Sehen Sie, wenn ich drei Sachen trage, fällt bestimmt eine hinunter. In der Kaufhalle an der Kasse dauert's ewig, bis ich das Geld abgezählt habe. Noch vor fünf Jahren gehörte ich zu den Ungeduldigen in der Schlange und hab die dämliche Umständlichkeit solcher Alten verflucht. Ich packe meine Sachen ein, früher ging so ein Beutel normal auf, jetzt verheddern sich die Henkel, ich kann das Brot nicht richtig hineinschieben. Inzwischen ruft man mich zurück, ich hab das Wechselgeld liegengelassen. Mein vergessener Einkaufszettel – ohne aufzuschreiben, geht ja nichts mehr – begrüßt mich zu Hause vom Küchentisch. Natürlich, an Spee, weswegen ich ursprünglich in die Halle gegangen bin, habe ich nicht gedacht."

Nach diesem Ausbruch lacht sie. „Wenigstens konnte ich das Waschpulver nicht in die Milch für den Pudding schütten statt in die Maschine. So was passiert mir."

Ich tröste sie auf die übliche Weise, solche Zerstreutheiten geschähen auch Jüngeren, will sie ablenken und frage, wann sie Judo gelernt hat. Ihre Lippen bewegen sich, ich glaube, hätte sie die

Fausthandschuhe nicht wieder an, würde sie die Dekaden an den Fingern abzählen.

„Vor über sechzig Jahren, im KJVD."

Da ich der Abkürzung nicht sofort folgen kann, wir sind verschiedene Generationen, ergänzt sie: „Kommunistischer Jugendverband."

Hab ich mir schon gedacht, daß sie Genossin ist; jetzt wird sie wahrscheinlich von früher erzählen, ich werde sie anhören, aber wenn sie zum zweitenmal damit kommt, werde ich höflich unterbrechen. Nein, sie will, daß ich über Moçambique und die anderen Kolonien, die Portugal freigeben mußte, berichte, und sagt: „Da sind Hunderttausende Portugiesen abgezogen. Die fortschrittlichen Länder freuen sich mit den befreiten Völkern, aber wer ersetzt die Kenntnisse der Kolonialisten, die nicht nur den Boden ausgeraubt, sondern keinem Einheimischen einen qualifizierten Beruf gestattet haben."

Ich kann nur zustimmen. Die Portugiesen hinterließen fünfundneunzig Prozent Analphabeten in Moçambique, und die höchste Berufsstufe war Kraftfahrer.

„Dabei besaß das Land große materielle und kulturelle Schätze", fährt sie fort, „Erze, Gold, Bergwerke, eine Abbautechnik und den damit verbundenen Handel. Im elften Jahrhundert existierte bereits ein gutorganisierter Staat. Als die Portugiesen vierhundert Jahre später das Land besetzten, überraschte sie der hohe Entwicklungsstand. Doch lockten sie nur die Rohstoffe. Von der alten Kultur, den steinernen Monumentalbauten, Skulpturen, Holzschnitzereien ist wenig geblieben. Im befreiten Moçambique beginnen sich die alten Traditionen zu beleben. Eine junge interessante Literatur ist im Entstehen, die Lieder und Tänze sind nie ganz ausgestorben, vordringlich ist natürlich die Alphabetisierung."

Ich denke, *ich* soll ihr von Moçambique erzählen. Statt dessen hält mir die Neunmalkluge einen Vortrag. Sie schwärmt von den Talenten, die sich nun entfalten können.

Bis auf Tänze und Lieder, die mir sehr gefallen, weiß ich nicht viel von der Kultur. Fleiß, Begeisterung, Lernbegier – das kann ich bestätigen. Hab erlebt, wie rasch und unter welchen Bedingungen die Menschen lesen und schreiben lernen, aber ich weiß auch, wie schwer es für sie ist, die Technik zu beherrschen, die Handhabung der dringend gebrauchten Maschinen, die wir liefern, deren Wert zu erkennen, ob in Angola oder Moçambique. Da springen wir in die Bresche, Lehrer, Ärzte, Ingenieure, Techniker aus der DDR setzen die Solidaritätsmarke im Gewerkschaftsbuch in harte Arbeit um. Aber was können wir an Material und Menschen schicken im Vergleich zu dem, was unbedingt nötig ist? Wie lange braucht es, bis ein jahrhundertelang mit Gewalt in Unwissenheit getriebenes Volk aufgeholt hat? Ziemlich ahnungslos und nicht immer mit geeigneten Maschinen und Mitteln sind wir in ihr Land gekommen. Von der Mentalität des Volkes wußten wir praktisch nichts. Soll ich ihr das Beispiel mit den ersten Lkws erzählen? Sie wurden vom DDR-Frachter abgeladen. Wir hatten bereits die Fahrer ausgebildet, geschickte, verwegene Jungs, die ein paar Wochen zuvor noch gegen eingeschleuste Banditen kämpften und wohl wieder kämpfen werden müssen, denn weder Südafrika noch die USA wünschen ein geeintes fortschrittliches Land in ihrer Sphäre. Die Lkws standen in einer Reihe. Die jungen Fahrer flüsterten miteinander, lachend winkten sie die Menschenmassen zur Seite, sprangen in die Kabinen und rasten los. Ein Wettbewerb, wer der Schnellste war. Alle Lehren über das Einfahren waren vergessen. Wir wurden bleich vor Ärger.

Ich erzähl ihr's. Ich sag ihr auch, wie ich diese begabten, temperamentvollen Menschen liebe. Ich sag ihr nicht, wie ich mich abgerackert habe in der Hitze und der Trockenheit und den Sümpfen der Savanne um dieser Menschen, ihrer Gesinnung, ihrer Zukunft willen. Was interessiert sie das.

Da geht's schon los.

Sie redet von den verschiedenen Sprachen, Stämmen, Traditionen, Religionen in Moçambique und Angola. Hoffentlich geht sie nicht bis zur Menschwerdung zurück, schließlich ist sie Anthropologin. Ich habe Brunnen und Wasserpumpen gebaut und die Menschen gelehrt, mit Kraftwerksmaschinen umzugehen. Was ist mehr? Ich sehe wohl etwas gelangweilt aus.

„Auch darüber muß man Bescheid wissen, die Kompliziertheit, die das heute noch schafft", belehrt sie mich.

Ich kontere: „Welche Kompliziertheit schafft die Dürre, wenn das Vieh wegstirbt, die Menschen verhungern. Nicht nur Wetterpech, auch Raubbau der zuvor Herrschenden. In Teilen von Äthiopien sind nicht mal mehr die Wurzeln der Gräser vorhanden, so daß selbst der Regen nichts nachwachsen läßt."

„Ja", sagt sie, „ich kenne Äthiopien, das haben wir uns früher als junge Kommunisten einfacher vorgestellt: Sind erst die Unterdrücker fort, blüht selbst die befreite Wüste. Nun verfolgt man mit Herzbluten, daß auch dort, wo Fleiß, Begeisterung, Begabung vorhanden sind und unsere Solidarität aktiv wird, die Entwicklung langsam vor sich geht, Rückschläge nicht ausbleiben. Die Welt ist so kompliziert geworden, daß es schwierig ist, alles überall genau zu verfolgen."

Sie stützt sich schwer auf den Knüppel.

In dieser Frage sind wir uns einig. Ich erzähle ihr von unseren FDJ-Monteuren in Moçambique. Einer sagte: „Da hab ich zu Hause gemeckert, weil es schon vier Jahre lang dasselbe Prämiengeld gab, man will doch weiter ... Ja, den Meister hat man mir angeboten, aber sich mit dreißig Leuten rumärgern fürs gleiche Geld? Ich bin doch nicht dumm."

Und wie hat der in fremdem Land geschuftet, und wie ist er Vorbild für dreißig Leute geworden!

„Man weiß zuwenig von der Welt", sagte er, „hab geglaubt, in Moçambique und den anderen befreiten Ländern gibt's lauter Schulen, Kindergärten und von uns erbaute Fabriken, die mit Maschinen aus sozialistischen Ländern arbeiten. Ist ja auch kein Schwindel, ist enorm, was wir da geleistet haben; aber eben nur ein Tropfen auf den heißen Stein. Ich werde meinen letzten Pfennig geben, um wenigstens *ein* Kind vor dem Hungertod zu retten."

Sie hört mir zu, kleine Laute der Zustimmung gebend, ganz still ist sie ja selten, und antwortet: „Die Jungen kommen mit anderen Werten zurück, Werten, die sie nie verlieren werden. Würde das Wissen um solche Kompliziertheiten unseren Bürgern schaden?"

Sie scheint auf einmal sehr müde zu sein. Ich muß sie führen. Jetzt passe *ich* mich ihrem Schritt an. Sie geht so langsam, sie wird mir doch nicht umkippen?

Vor dem Sanatorium steht eine schmiedeeiserne Laterne. Sie hält sich daran fest und sagt lächelnd: „Aber es gibt viele Gründe, warum ich Hoffnung habe; so leicht lassen sich befreite Völker nicht in die Steinzeit jagen."

Hab verschlafen, am Waldlauf kann ich nicht mehr teilnehmen, schaffe es noch zum Frühstück. Habe heute Reistag, bin in entsprechender Stimmung. Genossin Katharina sitzt bei ihren Uraltfreunden am Tisch. Lautes Gerede, viele Gesten, das mag ich sowieso nicht. „Widerstandskämpfer", hatte sie gestern über die beiden gesagt. Nun gut – alles in allem sind alte Damen eine Belastung. Soll sie bei ihrer Generation sitzen. Bin also nicht interessant genug für sie. Aber da war unser Spaziergang, nicht daß ich ihn wiederholen möchte mit all den Strapazen, ich denke mehr an unser Gespräch. Ärgerlich, daß nicht *ich* den Platz gewechselt habe. Ich nähere mich Tisch Nr. 5. Dort steht ihr Frühstück.

Und da kommt sie schon selbst, grüßt, schwenkt ihren Personalausweis, den sie in der Bademanteltasche entdeckt hat, entschuldigt sich noch einmal und sagt: „Aber die Rehe waren doch schön, das hat sich gelohnt, und Ihr Knüppel ist gut, den behalt ich. Haben Sie Reagan über den Sternenkrieg gehört?"

Nein, auch das hab ich verschlafen.

„Er hat den Verhandlungen mit der SU zugestimmt, ließ eine salbungsvolle Friedensrede vom Stapel, sprach vom militärischen Schutzschild im Weltraum, damit die bösen Russen nicht angreifen können, und fordert zehn MX-Raketen, jede die zehnfache Stärke der Hiroshima-Bombe. So provozierend will er mit ihnen reden."

„Ich begreife nicht, daß der größte Teil der Amerikaner hinter ihm steht", werfe ich ein.

„Sie können sich nicht satt sehen am Fernsehgesicht, an den Gesten, der schönen Stimme, der guten Figur im schönsten Anzug des Jahres, dem elastischen Sportgang. *Er* hat die USA wieder stark gemacht, *er* hält uns die Russen vom Hals. So primitiv läuft das. Ich bin trotzdem Optimist. Widersetzt er sich ständig den Abrüstungsvorschlägen der SU, kann er vor der Welt nicht mehr bestehen."

Draußen ist es, von niemandem einschließlich der Wettervoraussage erwartet, über Nacht warm geworden, Schneeregen schlägt gegen die Scheiben.

Sie habe das schon gestern abend gespürt, sie sei „wetterabhängig“, ihr Kreislauf. Als sie aufsteht, hält sie sich, für andere kaum bemerkbar, ein paar Atemzüge lang am Tisch fest. „Wenn ich liege, geht's mir besser.“

Zum Mittagessen erschien sie nicht. Ich wurde nervös, wartete das Ende der Ruhestunde ab und klopfte an ihre Tür. Sie las. Mindestens sechs Bände lagen auf dem Nachttisch. Schon ein paarmal hatte sie versucht, mich in ein Gespräch über Bücher hineinzuziehen – erfolglos. Da hätte meine Frau hermüssen. Hab mir genug angeeignet in meinem Leben, für Literatur ist kein Platz geblieben. Fachbücher, ja, und politische aus manchen Ländern, das gehört für mich zum Fach. Bin nicht nur Ingenieur geblieben, sondern Außenhändler geworden. Das bedeutete wiederum: lernen. Intensivkursus in Portugiesisch und Spanisch, im Fernstudium das Weitere. Es war eine schöne Zeit, wir konnten in der DDR bleiben und die Tochter bei uns haben. Meine Frau hat darauf bestanden, die Sprachen mitzulernen. Der einzige Stachel für mich, sie packte es schneller. Früher hat sie Mantelkragen am Fließband genäht.

Damit keine Mißverständnisse entstehen, meine Rede ist nicht etwa: Ich bin Arbeiter, mögen diese Intellektuellen schöne Literatur fabrizieren und lesen. Im übrigen, wer sind denn diese Schriftsteller, wer gehört denn heute zur Intelligenz? Da wüßte ich Arbeiter zu nennen, die Bücher schreiben, sogar ich habe danach gegriffen – erste Qualität. Ich weiß, was es bedeutet, nach acht Jahren Schule Bildung aufzuholen. Manchmal bezeichnen Genossen, die glauben, dadurch besonders klassenbewußt zu sein, Schriftsteller, die Mißstände kritisieren, als intellektuelle Spinner, die immer etwas auszusetzen haben. Schaut man genauer hin, so kommen diese „Intellektuellen" aus Arbeiterfamilien, sind vielseitig gebildete Menschen geworden, die in manchem tiefer loten und daher entsprechend härter kritisieren. Ich denke, so überheblich und oberflächlich kann man nicht mit ihnen umgehen.

Wie gesagt, ich lese kaum schöne Literatur, aber nehme ich mir ein umstrittenes Buch vor, kann ich entscheiden, ob ich dafür oder dagegen bin, aus politischer Kenntnis, aus Kenntnis der Wirklichkeit heraus. Ist es mir geistig zu hoch, geb ich zu, daß ich es nicht beurteilen kann.

Als ich bei Frau Katharina eintrete, legt sie ihre Lektüre fort.

„Wie schön, bleiben Sie ein bißchen."

Ihr scheint es überhaupt nichts auszumachen, daß sie im Bett liegt. Sie bittet mich, das Kissen vom Sessel zu nehmen, und schiebt es sich unter den Kopf. Im Schlafjäckchen mit den Rüschen an den Ärmeln des Nachthemdes sieht sie zum mindesten weiblicher aus als in Hosen. Sie nimmt ihr Buch wieder auf, blättert darin und zeigt mir ein Foto.

Ich erkenne es sofort. „Typisches Savannengebiet in Afrika; nach *der* Landschaft habe ich keine Sehnsucht, nur nach den Menschen dort."

„Aber gerade diese Landschaft war ganz wichtig für die Menschwerdung."

Ich starre sie an. „Für das Verhungern von Menschen. Ob Trocken- oder Sumpfsavanne, die ernährt kein Volk."

„Ich spreche von einer Zeit, die ein bißchen länger zurückliegt. So ungefähr dreißig bis vierzig Millionen Jahre, als sich ein Affenstamm abzuspalten begann, nicht mehr nur auf Bäumen lebte, sondern in der Savannenlandschaft neue Nahrungsquellen fand. Das vergrößerte seine Überlebenschance. Allerdings erforderte diese Daseinsform neue Anpassungsfähigkeiten. Das Tier lernte, den Aufrechtgang zu entwickeln, der erlaubte, über das Savannengras hinwegzusehen; dies machte wiederum die Arme für neue Möglichkeiten frei." Sie spricht von der Entwicklung der Hand, deren wachsenden Geschicklichkeit und Bedeutung.

„So wurde aus dem Affen der Mensch", unterbreche ich den Redefluß, „hat ja schon Darwin rausgefunden." Die Frau Lehrerin soll nicht denken, daß sie allein Pächter dieses Wissens ist.

„Kein Interesse?" Sie scheint enttäuscht.

Erschöpft, im Bett liegend, ist sie dabei, mir eine Vorlesung zu halten, und fragt etwas spät, ob mich das interessiere, fragt mit entwaffnender Naivität. Was *sie* fesselt, müssen andere ebenfalls des Hörens wert finden.

Ich bin versucht zu antworten: Interessiert mich überhaupt nicht. Ich unterlasse es, weil ich mir zu gut ihr hilfloses Verletztsein vorstellen kann. Es liegt auch eine Art Tapferkeit in ihrem Verhalten. Sie will sich nicht gehenlassen und lenkt sich wohl selbst von ihrer physischen Schwäche ab.

„Es interessiert mich sehr."

„Das dachte ich mir." Sie spricht von Affenarten, die in nahrungsreichen Wäldern lebten, denen es sozusagen gut ging, aber nur jene Affenstämme, die fortan gezwungen waren, in der Savanne zu leben, entwickelten sich weiter.

„Ja, Wohlstand kann dumm und bequem machen", bemerke ich und denke nicht an die Zeit vor Millionen Jahren.

Sie aber bleibt bei ihrer Zeit, erklärt, wie die Affen lernten, daß es günstiger war, in Gruppen zu leben, sich durch Laute miteinander zu verständigen, einen Stein zu benutzen, um ein Tier zu erjagen, und daß ein scharfkantiger Gegenstand Vorteile gegenüber einem runden besaß. Sie spricht formvollendet, kristallklar und belegt mit großartigen Beispielen, wie sich das Tier zum Menschen entwikkelte. Ich wünsche, Eva säße neben mir, um zuzuhören.

„Vom Einzeller, dem primitivsten aller Lebewesen, bis zum Beginn der Menschwerdung brauchte die Evolution etwa dreihundert Millionen Jahre; der Homo sapiens benötigte dreißigtausend Jahre, bis er zu Viehzucht und Bodenbepflanzung überging."

„Und heute ist er so entwickelt, daß es ihm gelingen würde, in Stunden diese dreihundert Millionen Jahre zu vernichten. Dann sind wir wieder beim Einzeller angelangt, falls der überlebt."

Katharina legt die Hände an die Schläfen. „Was für eine Antwort, wozu habe ich das alles erzählt."

Sie ist ernüchtert und hat keine Lust fortzufahren. Warum hab ich sie so abrupt und plump unterbrochen?

Einen Satz sagt sie noch: „Der sowjetische Physiker Pjotr Kapiza, ein international berühmter Mann, hat einmal sinngemäß gesagt: Wenn wir von Atomenergie sprechen und dabei an die Atombombe denken, ist das, als ob wir bei dem Wort Elektrizität an den elektrischen Stuhl denken."

„Aber gebändigt muß sie werden, gesichert muß sie sein", werfe ich ein.

Katharina seufzt, schließt die Augen und schweigt. Ob sie sehr müde ist? Ich werde ganz leise verschwinden.

Sie hört mich und sagt: „Ich bin durstig, sind Sie so freundlich und holen mir eine Citrus aus dem Kühlschrank?"

Ich gehe auf den Flur, sechs Flaschen sind in den Fächern; bei einer fehlt der Name des Besitzers. Bestimmt ist's die ihre. Ich werde ihn drauf schreiben und ihr nichts davon sagen.

Zu meinem Entsetzen trinkt die Frau Professor gluckernd aus der Flasche. Verlegen betrachte ich das Foto über dem Bett, eine Ansicht vom Meer. Anthropologin – vielleicht hat sie in der Tropenhitze Äthiopiens auf den Knien gelegen und mit diesen noch im Alter schmalen Händen in Geröllhalden nach Fossilien herumgewühlt. Macht man ja heute auch noch, ich hab darüber gelesen. In der

Wüste ist Wasser kostbar, Tischmanieren sind Luxus.

Sie folgt meinem Blick und sagt: „Das Bild ist schön, nur der Rahmen zu prunkhaft."

„Mir gefällt auch der Rahmen. Nach dieser Landschaft habe ich Sehnsucht, nach Meer und Küste, mir tut's leid, immer mit dem Flugzeug ins Ausland zu reisen."

„Was haben Sie denn in Deutschland nach der Rückkehr gemacht?"

Ich stutze.

„Ich meine, nach dem Typhus in Singapur."

So schnell wie sie kann ich nicht umschalten. Ich sehe sie an; es tut mir gut, in diese interessierten, von hundert Erfahrungsfältchen umrahmten Augen zu blicken. Auf einmal befinde ich mich in Lübeck und erzähle vom Anheuern auf einem Küstenmotorschiff namens „Amadeus".

„Amadeus?" fragt sie. „Warum nicht gleich Mozart?"

„Ja, das war so gekommen: Der Kapitän wollte sein Boot ‚Amanda' nennen. Aber der Maler hatte, während der Kapitän zusah, das ‚n' vergessen, da stand also ‚Amad'. Der Alte schimpfte und fand den Ausweg, einen ‚Amadeus' daraus zu machen."

Die Sache amüsiert die alte Dame; anderes in meinem Leben würde sie weniger amüsant finden.

Unser Kümo beförderte Fracht in die nordischen Länder. Ich war Matrose. Aber auf solchem Viermannschiff muß jeder alles machen. Während der Fahrt standen wir in drei Wachen am Ruder. An

Land in den Häfen verwandelten wir uns in Lasttiere. Zementsäcke an Bord schleppen und sie nach Ankunft in einem der nordischen Häfen wieder ausladen. Als Rückfracht von Schweden, Norwegen oder Finnland Holz transportieren. Das bewältigten wir nur bei entsprechender Ernährung. Unser Frühstück bestand aus Bratkartoffeln und Fleisch. Wenn einer vier Schnitzel schaffte, durfte er sie essen. Wir erhielten alles, was es an Kraftfutter gab, Marmelade oder Weißbrot bekamen wir nicht zu sehen.

Der Kapitän hatte sich Leute zwischen siebzehn und zwanzig Jahren ausgesucht, die erhielten weniger Lohn, und dazu einen Schiffsjungen namens Jens. Das Kerlchen konnte die Säcke, die wir trugen, kaum anheben, höchstens eine Handbreit vom Boden, dann plumpsten sie zurück. Die anderen neckten ihn, nicht bösartig, nur so zum Zeitvertreib. Ich mochte den Jungen und achtete darauf, daß es nicht zuviel wurde. Jens hing sehr an seiner Mutter, einen Vater hatte er nicht. Waren wir im Heimathafen, ging ich mit ihm, das wurde nun eine Art Zuhause für mich. Wie es Mütter so tun, legte sie mir den Jens ans Herz. War aber gar nicht nötig, er befand sich schon in meinem Herzen. Jens drängte mich, von der großen Welt zu erzählen, von allem, was ich dort gesehen und erlebt hatte. Von Kairo, Singapur, Ceylon, Jakarta, Bangkok, Jokohama, wo wir zum Bunkern für Wasser, Brennstoff und Nahrungsmittel gehalten hatten oder Fracht entluden beziehungsweise aufnahmen. Merkwürdig, da war die Exotik vorhanden, obwohl ich ihm nichts vorflunkerte. Jens hatte auch so einen Festhalteblick, einen blauen. (Die Augen von der alten Dame sind silbergrün.) Er träumte davon, sich das alles selbst anzusehen. „Vielleicht in fünf Jahren", sagte er, ich traute ihm das zu. Er versprach, mir von jedem Hafen, den ich ihm beschrieb, eine Postkarte zu schicken.

Unser Kapitän war nicht schlecht, wir waren alle gute Kumpel, anders geht es nicht, wenn man auf solchem Pott zusammen lebt. Natürlich trieb unser Alter Schwarzhandel, und wir tauschten, was zollfrei war, Schnaps gegen Aale, Zigaretten gegen Kaffee oder Pullover. Vierzig Jahre alt war der Kapitän, hatte zwanzig Jahre lang für ein eigenes Boot gehungert und gespart.

Ende 1938 heuerte ich auf der „Amadeus" an.

Mit dem Nazikram ließ uns der Alte in Ruhe. „Heil Hitler!" ging ihm und uns ohne Anstrengung oder Bedeutung in den Heimathäfen von der Zunge, und Handheben, na immer.

Im September 1939 war unser Kümo mit einer Ladung für Finnland unterwegs. Drei Tage nach Kriegsausbruch wurden wir gestoppt, der Befehl zur Umkehr gegeben und die „Amadeus" in Wilhelmshaven auf Krieg getrimmt. Sie erhielt eine Minenschere am Bug, eine 3,7-Flak auf der Back und achtern eine Zweizentimeter-Vierlingsflak. Sobald sie kampffähig war, erschienen vier bis fünf Uniformierte. Unser eigenes militärisches Training bestand in einem Ausflug zum nächsten Kasernenhof, wo wir den Soldateneid leisten mußten, um als dieselben Seeleute auf das Schiff zurückzukehren. Wir mochten unsere einquartierte Besatzung nicht und gingen ihr soweit wie möglich aus dem Wege.

Eine Probefahrt der „Amadeus“, nun Schiff des Kriegsmarinedienstes, verlief ohne Besonderheiten. Als wir im Hafen anlegen wollten, kam im letzten Augenblick der Unteroffizier, dem Rang und Uniform zu Kopf gestiegen waren, entriß mir die Leine und wollte den Poller falsch belegen. Hätte ich ihn gewähren lassen, wäre das Schiff schwer beschädigt worden. Also ich stand da in meinen Holzschuhen, sprang los, um uns vor Havarie mit der Anlegestelle zu retten, rutschte auf dem frischgeölten Deck aus, griff, schon fallend, nach dem Tampen, rettete das Schiff und schlug mit meiner ausgestreckten Hand dem Herrn Unteroffizier versehentlich auf die Nase. Statt Belobigung erhielt ich zwölf Tage Arrest. Ich habe sie in Wustrow abgesessen, während das Schiff Wilhelmshaven ohne mich verließ.

An einem schönen Herbsttag kam ich aus dem Knast, überlegte, wann mein „Dampferchen“ wohl wieder zurückkehren würde, um mich aufzunehmen. Ging zum Marinestützpunkt und erfuhr, die „Amadeus“ sei am Skagerrak auf eine Mine gelaufen. (Englische Flugzeuge hatten Minen im Meer versenkt.) Überlebende gab es nicht.

„Mann, nehmen Sie sich zusammen, Krieg ist Krieg … Ehre, Heldentod … Da steht 'ne Bank.“

Alle und alles weg. Auf dem Grund des Meeres lagen sie, oder war ein Stück vom Unteroffizier neben einem Körperfetzen von Jens im Holz verklemmt und von den Fischen benagt worden? Ich hatte dem Jens gepredigt, er solle sich den schlimmen Zahn ziehen lassen. Eine Angst hatte der Junge davor gehabt. „Kriegst dafür meine Uhr zum Geburtstag“, hatte ich gesagt. Da war er schnell zum Zahnarzt. Die Uhr hatte ich ihm vor der Ausreise gegeben, weil ich ja nun nicht dabeisein konnte. Ob er seinen Sechzehnten noch auf See gefeiert hat? Ist egal – alles weg.

Damals wurde ich ein anderer Mensch. Stimmt nicht, ich reagierte wie ein Lasttier, ernährt mit Kraftfutter, vom Schock erfaßt wie ein Stier vom Hammerschlag in seinen letzten Sekunden. Und Tage später? Haß, Aufbegehren, dumpfes Brüten, keinerlei Erkenntnisse.

Vor dem Krieg konnte ich mich nicht drücken, den Befehl zur Ausbildung als Marineartillerist in Swinemünde trug ich schon in der Tasche.

An Jens' Mutter hab ich geschrieben. In ihrem Antwortbrief stand: „Jungchen, das hier ist Dein Zuhause. Du kannst immer zu mir kommen.“

Wiedergesehen habe ich sie nicht. Gestorben? Zerbombt? Nach dem Krieg gab's die Straße nicht mehr.

Die alte Dame sieht mich an. „Ja, Jungchen.“

Hat sie es wirklich ganz leise zu mir gesagt? Sie ähnelt – vielleicht hab ich's auch mit dem Kreislauf –, sie ähnelt der Mutter von Jens. Wir befinden uns in keinem Kitschfilm in der Festhalle, ich darf's ja niemandem sagen, daß mir bei solchen Filmen manchmal die Tränen kommen und sie wahrscheinlich kichert. Nein, kein Film. Aber genau das gleiche Leid im Gesicht. Dieser Frau muß der Krieg auch jemanden genommen haben. Was weiß ich überhaupt von ihr?

Ich will schon gehen, da sagt sie: „Durch Unglück wird der Mensch reifer. Hat es nicht doch ein Nachdenken, irgendeine Entwicklung gegeben?“

Nein, keine Entwicklung, die auf Nachdenken beruhte; vielleicht weil ich von Kindheit an gezwungen war, mich ausschließlich mit dem heutigen und dem nächsten Tag zu beschäftigen. Ich bekam selten genügend zu essen, mußte mein Sattwerden selber organisieren. Das nahm alle Gedanken in Anspruch. Für ein paar Groschen half ich bei Nachbarn und tat bei Nichtnachbarn einen Griff in den Obst-, Gemüsegarten oder die Speisekammer. Wie oft mußte ich unsaubere Tricks anwenden, um mehr als das Notwendigste zu besitzen. Meine ersten Holzpantinen erstand ich als Sechsjähriger durch unreellen Tausch über drei Ecken, weil ich mir vorgenommen hatte, nicht barfuß in die Schule zu gehen. Andere Kinder kamen barfuß. Ich wollte nie viel mehr als andere, aber diese Holzpantinen waren ganz wichtig, sie gehörten zu meiner Kinderwürde.

Den Anzug zur Konfirmation erhielt ich von der Ausleihe. Zurückgegeben hab ich ihn nicht, bin gleich danach getürmt – mit achtzehn Mark aus Stiefmutters Sparschwein und meinen Papieren aus Vaters Fach im Büfett. Da stand im Geburtsschein, daß Mutter eine geborene Wehler war.

Schiffsjunge werden erwies sich nicht als so einfach, wie ich es mir vorgestellt hatte, doch Vater beging, soweit es mich betraf, seine einzige gute Tat. Er willigte ein unter der Bedingung, daß ich den Anzug zurückschickte. „Die achtzehn Mark kannst du behalten.“ Wohl weil er mich nun los war. Alles auf der Welt kann ich verstehen, nur nicht, wenn ein Vater sein Kind nicht liebt, wenigstens solange es noch ein Kind ist. Das werde ich nie begreifen.

Ja, ich wollte sagen, ich lebte immer nur von einem Tag zum andern, auch als es schon nicht mehr nötig war. Während ich die Welt bereiste, blieb mein Horizont beschränkt, änderte sich nicht viel. Ich war aufnahmefähig, imstande, rasch zu handeln, aber wozu sich über Höheres einen Kopf machen, ich, das letzte, kleinste Rädchen, das sich nur drehte, weil es im Gefüge gedreht wurde. Merkwürdigerweise wurde das erst auf dem Viermann-Küstenschiff besser. Sein Besitzer hatte sich nie viel um uns gekümmert, aber da war der Maschinist Eddy, achtzehn Jahre alt, der wollte später unbedingt Kapitän werden. Was der für Ideen hatte. Er erklärte mir die Maschinen, die ich reinigen mußte, und ließ mich sogar Kleinigkeiten reparieren. Er verstand Mathematik, während es bei uns nur zum Rechnen reichte. Der Steuermann, der Hans, hatte ein festes Mädchen. Er wollte heiraten und schilderte mir hundertmal, wie sein Häuschen aussehen sollte, wieviel Kinder sie sich anschaffen wollten. Manchmal beneidete ich ihn.

Im Tauschhandel war ich der Größte. Es ging gerecht bei uns zu, wir teilten. Nie wäre mir in den Sinn gekommen, meinen Kameraden gegenüber unfair zu sein. Den Alten hauten wir übers Ohr, wo immer es ging. Sein Schwarzhandel war raffinierter.

Jens forderte mich geistig mehr als die anderen, weil er an mir hing, mich bewunderte, Fragen stellte, Antworten erwartete. Da mußte ich mich anstrengen, das Auf-den-Tag-Beschränktsein zu überwinden. Jens' Fragen fügten mein Denken zu einem kleinen Flüßchen Lebenserfahrung. Er war fünfzehn, ich siebzehn Jahre alt. „Amadeus", Jens, Eddy, Hans, der Alte – alles vorbei. Ich lebte, weil ich beim Ausrutschen einem Unteroffizier auf die Nase ... Was hilft da Nachdenken? Nein, ich wollte nicht in den Krieg, aber es ging wie gewöhnlich nicht danach, was ich wollte. Über Unvermeidliches zu grübeln ist sinnlos, man schafft es leichter, ohne nachzudenken.

Ich wurde rundherum ein guter Marineartillerist, zeichnete mich beim Drill aus, konnte mit meiner Lunge und dem breiten Brustkorb großartig „Hurra!" brüllen, traf ins Ziel, wurde gelobt. Es tut gut, gelobt zu werden. Wir lernten, gegen welch „perfiden" Feind unsere Geschütze zu richten waren. Daß uns die Polen bei Gleiwitz heimtückisch überfallen hatten, warum sollte ich es nicht glauben? Da mußten wir ja zurückschlagen. Im Namen dieser Nazipartei kam das Wort „Arbeiter" vor, damit waren wir gemeint. Die Reichen hassen fiel mir nicht schwer, einschließlich der reichen Juden, die es anscheinend in großer Menge gab. Das mit dem arischen Blut ging mir nicht so ein, ich kannte zu viele farbige Seeleute. Und meine Kleine in Neu-Delhi, da reichte keine Blonde aus Bremen, Hamburg oder Lübeck heran. Ich hoffte auf Deutschlands Sieg, damit der Krieg bald aufhörte. Schiffe versenken, Menschen ertränken war schrecklich. Aber wenn die anderen angefangen hatten ..., wehren mußte man sich, das hatte mich das Leben gelehrt. Jens hatte ich jedenfalls zehnfach gerächt.

Es klopft, ihre Freunde erscheinen mit Konfekt und Blumenstrauß. Daran hätte ich auch denken können.

Welch dumme Störung. Eingesponnen in ein Gespräch, und nun kommen diese Alten hereingestolpert. Es sind sowieso nur zwei Sessel vorhanden. Ich will mich verabschieden.

„Nein, das erlaube ich nicht. Karl sitzt bei mir auf dem Bett."

Karl ist ein schmalbrüstiger, glatzköpfiger Veteran mit Kartoffelnase und eingefallenem Mund. Nach Haut und Augenfarbe zu urteilen, könnte er früher rothaarig gewesen sein. Das Gesicht müde und alt. Fred wirkt kraftvoll, einer, dessen Augen mit den Jahren nicht kleiner werden.

Katharina lacht. „Sieh nicht so sauer aus, Horst."

Natürlich bin ich sauer, aber wozu muß sie es sagen, ihre Direktheit mag ich nicht. Außerdem: „Horst" und „du" – ich bringe ihr gegenüber noch keine vertrauliche Anrede zustande.

„Extra zum ‚Delikat' seid ihr gelaufen", sagt sie gerührt.

„Karl erregt sich über Deliläden und Intershop", sagt Fred. „Ich hab ihn an 1948 erinnert, als die ersten HO-Läden gegründet wurden. Eine Streuselschnecke kostete 'ne Mark oder drüber, und die Leute nörgelten: ‚Jetzt gibt's wieder Zweiklassenläden, HO für Reiche, Konsum für Arme'."

„Die Intershops sind ein anderes Problem", entgegnet Katharina. „Das ist keine Klassen-, sondern eine Westverwandtenfrage, und der eine ärgert sich, wenn ihm etwas verwehrt bleibt, was der andere, der auch nicht besser ist als er, sich leisten kann. Es gibt unpopuläre Dinge, zu denen wir uns in manchen Fällen aus ökonomischen Gründen entschließen müssen. Einsicht in die Notwendigkeit ist kein schlechter Satz. Devisen brauchen wir dringend, durch diese Länden erhalten wir sie sofort und in bar."

„Wenn auch nur zum geringsten Teil", melde ich mich zu Wort. Darüber weiß ich gründlicher Bescheid als Katharina. Doch die Professorin läßt mich nicht weiterreden. Anscheinend hat sie sich darauf eingerichtet, dem Fußvolk einen Vortrag zu halten.

„Es ist doch jedem Menschen bekannt, daß wir als rohstoffarmes Land gezwungen sind, zu importieren und bei kapitalistischen Ländern mit Devisen zu zahlen. Das läßt sich gegenwärtig nicht allein durch unseren Export decken. Stell dir mal vor, wir schließen die Intershops und müssen dafür den

Kaffee in HO und Konsum streichen. Alle bisher Unzufriedenen wären schnell einig mit den Zufriedenen: Dann schon lieber Intershops."

Karl sieht wie immer traurig aus. „Aber die Läden beeinflussen manche Kinder. Besitzt einer in der Schule Miniautos, Westkaugummi oder ein Hemd, auf dem ‚Hollywood' steht, ist er wer."

Sie antwortet ihm: „Haben wir die Läden, gilt für die Kinder, was für die Erwachsenen gilt, also können wir ihnen keine Moralpredigten halten. Kinder sind gerecht, und klarmachen können wir ihnen bei vernünftiger Erziehung, daß diese ‚Kaugummi-Hollywood-Schüler' keineswegs die Größten sind."

„Es ist uns nicht verboten, selber T-Shirts mit attraktiven Designs herzustellen", bemerkt Fred.

Karl blickt düster auf die Schachtel, die Katharina ihm entgegenhält.

„Nun nimm schon, altes Fossil, du versündigst dich nicht, die Deliläden sind heute völlig normal, fehlt einer irgendwo, wünschen sich ihn die Menschen. Ich finde übrigens unser Konfekt genausogut, also das nächste Mal holt ihr mir aus dem Konsum *Die 12 Fruchtigen.* Schlimm ist nur, daß es heutzutage schon für unschicklich gilt, jemandem außer vom Deli Süßigkeiten mitzubringen."

„Ach, Kat", sagt Karl.

Auf einmal tut er mir leid, der Katharina wohl auch, sie berührt seinen Arm.

„Mit der Moral ist das so eine Sache", sagt Fred. „In Frankreich, als wir Interbrigadisten, die aus Spanien zurückkamen, hinter Stacheldraht ins Lager geschafft wurden, organisierte ein Genosse, wir nannten ihn ‚Hermann Duncker', der war es natürlich nicht, einen Zirkel über Marxismus – Parteilehrjahr würde man es heute nennen. In der Diskussion kamen wir auf kapitalistische und sozialistische Moral zu sprechen. Dieser Genosse erzählte uns, Engels habe geschrieben, als Sozialist hasse er jene Klasse, die an der Börse ihr Geld einnehme, und trotzdem würde er schon morgen als Börsianer mitspekulieren, wenn er sicher wäre, dabei eine Million Profit zu gewinnen, um mit diesem Geld die Partei zu unterstützen. So ungefähr hat er es uns erzählt und fast träumerisch hinzugefügt: ‚Wenn ich zu Hause wäre, könnt ich's nachschlagen.' Als ob seine Bibliothek ‚zu Hause' noch existierte! Immerhin hat er uns Junge gelehrt: ‚Entscheidend ist, daß der Erlös von Einnahmen für eine gute, dem Sozialismus nützliche Sache verwendet wird.'"

Alle Achtung: vom Kaugummi zu Engels. Niemand schien Lust zu haben, zum ursprünglichen Thema zurückzukehren.

Es ist Zeit für die Nachrichten. Ich verabschiede mich. Es regnet noch immer. Ich frage Katharina, ob ich ihr das Abendbrot heraufbringen soll.

Sie dankt erfreut.

Eins zu eins mit den Altfreunden.

In meinem Kopf summt weiter das Lied und Leid des Exports. Es gelingt mir nicht, kurentsprechend abzuschalten. Ein handfestes Beispiel könnte ich den dreien erzählen, das, erst vor ein paar Wochen geschehen, auf einer Tagung die Runde machte. Ein Betrieb hatte zehntausend Sofas, gutgepolstert und stahlumrahmt, für den Export hergestellt und versandt. Was passierte? Wir erhielten die Sofaladung, deren Verkauf Hunderttausende Valutamark bedeutet hätte, zurück, weil der Brokatbezug in der Farbe eine Spur heller aussah als unser Muster, welches angeblich bereits im dortigen Reklamekatalog abgebildet worden war. Meiner Meinung nach Schikane, es kann aber auch an einem Qualitätsfehler bei uns gelegen haben. Das Hauptproblem: Wie stopfen wir das Devisenloch? Es gelang uns mit unendlichen Mühen, von denen kein Intershop-Käufer oder -Nichtkäufer etwas ahnt. Für mich ist es immer ein Wunder, wie wir es schaffen, uns an den eigenen Haaren herauszuziehen.

Als ich das Zimmer wieder betrete, hat sich Katharina frisch gemacht, sitzt im Morgenmantel in eine Decke gewickelt am Tischchen.

Sie legt die „Berliner Zeitung" beiseite, die sie sich nachschicken läßt. „Studieren Sie auch die Anzeigen?" frage ich, weil meine Eva die mir unverständliche Marotte besitzt, alles, ob Heiratsannoncen, An- oder Verkauf, mit Interesse zu lesen. Ich weiß nicht, was sie daran fesselt, sie entziffert mühelos alle mir unverständlichen Abkürzungen.

Katharina antwortet: „Ich habe mir ‚Erben gesucht' angesehen; meist sind es Frauen, sie müssen die einsamsten Menschen auf Erden gewesen sein, keine Verwandten, keine Freunde, niemanden gefunden, um ihm das Geld zu hinterlassen, nicht einmal ein junges Ehepaar im Haus, keine Nachbarn, die sie für wert hielten. Schlimm."

Ich sehe mir die Zeitung zum erstenmal daraufhin an. Katharina hat recht.

Sie blickt auf die Uhr. „Heute ist Kino in der Kulturhalle, Fred und Karl gehen hin."

„Ich kenne den Film, werd statt dessen Billard spielen."

„Karl und Fred sind wunderbare Genossen", sagt sie, „Fred ist nicht nur in Spanien gewesen, er hat auch in der Résistance in Frankreich mitgekämpft, und Karl war zehn Jahre im KZ. Das schützt nicht gegen Alterserscheinungen wie bei Karl und mir, Fred hat sie weniger. Jetzt ist zum Beispiel mein angefangener Brief verschwunden, hab das ganze Zimmer durchsucht. Einfach weg. Ja, ich weiß schon, Ordnung, Systematik, alles aufschreiben. Aber ich finde ihn nicht. Vorhin hab ich mit Berlin telefoniert und vergessen, wessen Nummer ich gewählt hatte, mußte erst fragen: ‚Wer ist dort, bitte?' Die sagten: ‚Ja, wer spricht denn *dort*?' Ich hab aus Verlegenheit aufgelegt. Vor einer Art von Altersschwäche hüte ich mich: die Vergangenheit hochzustapeln. Die armen Schüler, vor denen solche Veteranen reden und kein Ende finden. Ich weiß um die Leiden und die Tapferkeit im KZ. Niemand bewundert solche Helden mehr als ich. Vor zehn Jahren fuhren wir auf eine Veteranenreise in die Sowjetunion, Karl und Fred waren dabei. Fred ist ein ganz Kluger, den kannte ich schon vorher. Er wußte, ich sah auf zu Genossen wie ihm, er war es, der mir einmal gesagt hatte: ‚Bleib auf dem Teppich, Katinka, wir sind jetzt alte Leute, die werden leicht zu Querulanten.‘ Bereits zu Anfang der Reise ging es los: Der eine wollte das Fenster öffnen, weil er Sauerstoff brauchte, der andere wollte es geschlossen haben wegen seines Rheumas, der dritte rauchte, der vierte verbat es sich; im Nu stritten sich KZ- und Zuchthaushelden.“

Mir ist unbehaglich. Warum vertraut sie mir das an? Spricht sie so zu allen? Was hat *sie* während der Nazizeit getan?

„Halten Sie denn die Tradition für unwichtig? Diese Genossen waren und sind auch für mich Vorbilder, haben mich erzogen. Alles sollen sie vom Guten und Besten besitzen. Viel zu spät wurde begonnen, ihre Vergangenheit aufzugreifen. In den fünfziger und sechziger Jahren, als noch mehr von ihnen lebten, hätte man ihre Erinnerungen festhalten sollen. Wenn sie nicht gewesen wären, worauf könnten wir stolz sein?“

„Gut, daß du so empfindest, aber was für ein Gesicht hast du gemacht, als diese Vergangenheit vorhin in mein Zimmer kam? Und reichlich schnell wolltest du dich verziehen.“

Ich erröte; sie ist eine richtige Hexe.

„Es ist besser, nichts zu verklären“, fährt sie fort, „sonst enttäuscht die Wirklichkeit. Ich kenne einen Jungen, der war mit zwölf Jahren im Thälmann-Film. Günther Simon spielte die Hauptrolle. Gegen Ende hat das Kind bitterlich geweint. Abends konnte es nicht einschlafen, verließ sein Bett und zeichnete eine Demonstration. Die erste Reihe trug Thälmanns Bild durch eine enge Berliner Straße.

War's Monate oder ein Jahr später, da kommt der Junge aus der Schule und sagt: ‚Bei uns hat einer 'ne Rede über Thälmann gehalten, der hat ihn noch gekannt. Das war so langweilig, wir sind bald eingeschlafen.' Wie heute der Film auf Jugendliche wirkt, wage ich nicht zu beurteilen. Falls du mit Pawel Kortschagin groß geworden bist ..."

Ich nicke.

„Meine Tochter Irmgard ebenfalls. Er war *das* Vorbild für sie. *Wie der Stahl gehärtet wurde* hat sie heimlich nachts unter der Bettdecke mit der Taschenlampe zu Ende gelesen, das war Anfang der fünfziger Jahre. Als ihre eigene Tochter Sylvia 1978 in die zehnte Klasse ging, klagte das Mädel: ‚Jetzt müssen wir auch noch den Kortschagin lesen, immer so 'ne Helden.' Ich frage mich: Brauchen wir heute, zwei Generationen danach, andersgeschriebene Bücher? Vielleicht einen Simonow, Granin oder Aitmatow? Für neue Generationen sind neue Grunderlebnisse gültig. Das müssen wir schon begreifen. Schau mal, neulich war so eine Sendung bei uns im Fernsehen, da sangen alte Genossen *Auf, auf zum Kampf.* Ich finde es gut, wenn das der Jugend auch einmal nahegebracht wird. Also die Enkelin Sylvia sitzt neben mir, es kommt die Strophe: *Es steht ein Mann, ein Mann, so fest wie eine Eiche. Er hat gewiß, gewiß schon manchen Sturm erlebt. Vielleicht ist er schon morgen eine Leiche, wie es so vielen unsrer Brüder ging.*

Sylvia lacht. Über die Zeilen? Über mein verklärtes Gesicht? Ich schalte den Fernseher aus. Mein erster Impuls ist, ihr zu sagen: Du bist gar nicht wert, dir das mit anzuhören. Sylvia kommt mir zuvor: ‚Entschuldige, Omi, mach's wieder an, aber das mit Eiche und Leiche mußt du doch auch komisch finden.' Ich versuche, es ihr zu erklären: ‚Das Lied hat unsere Schalmeienkapelle auf einer Demonstration gespielt, da war ich so alt, wie du jetzt bist, und das erstemal dabei. Hab tüchtig mitgesungen, stolz darauf, einer so guten Sache anzugehören. Wir trugen Plakate mit den Losungen *Krieg dem Kriege!*, *Kampf der Arbeitslosigkeit!*, *Hände weg von Sowjetrußland!*. Da sprang die Polizei von den Lastwagen und schlug mit Gummiknüppeln auf uns ein; mich hat's auch getroffen. Stell dir mal vor, plötzlich springt ein 1,90-Meter-Bulle auf dich los, und der Knüppel trifft mit aller Kraft deinen Rücken. Das tut so weh, du kannst nicht durchatmen, dir dreht sich alles. Zwei Jungen schleppen dich in einen Torbogen. Du erholst dich und kannst nun entweder nach Hause gehen – dann kommst du nie wieder zurück –, oder du denkst an Karl Liebknecht und Rosa Luxemburg, denen das Lied, über das du jetzt lachst, gewidmet ist. Du entscheidest, dich bei den neuen Demonstranten, die aus der Seitenstraße kommen, einzureihen, und singst noch lauter als zuvor *Auf, auf zum Kampf*. Wählst du das zweite und bist dein Leben lang dabeigeblieben, bewegt dich dieses Lied auch noch sechzig Jahre später.'

‚Tschuldige, Omi‘, sagt sie. Feuchte Augen und ein heftiger Kuß. ‚Wahrscheinlich hätt ich’s wie du gemacht, aber so was Aufregendes gibt’s ja bei uns nicht.‘

Wie oft denke ich nach über diese Generation und beobachte rein sachlich, ohne Vorwurf, was für uns in der Jugend ein Traum war; wofür wir unter großen Opfern gekämpft, alles, was wir moralisch und materiell erreicht haben, ist für die nach 1960 Geborenen Selbstverständlichkeit und kaum mehr erwähnenswert.

Sylvia sagt: ‚Warum klönen die Alten immer davon, wie gut es uns geht; ihr habt doch dafür gekämpft, damit wir es besser haben.‘

Und sie müssen darum kämpfen, daß sie es behalten.“

Katharina hatte es sich in den Kopf gesetzt, einen Viererklub aus uns zu schmieden, jedenfalls organisierte sie den gemeinsamen Cafébesuch. Eis, Kuchen und Schlagsahne wurden mir versprochen, um mich für den Plan zu gewinnen. Also machten wir uns gestern auf den Weg. Karl voran, wir drei hinterher. Fred hatte Plätze reservieren lassen. Am Blumenladen trafen wir ein innig umschlungenes Paar. Später, als wir schon im Café saßen, kamen sie herein, die Frau hielt Alpenveilchen in der Hand. Sie suchten vergebens einen Platz.

„Schlampe“, sagt Karl.

„Warum?“ frage ich. Sie sieht adrett frisiert und geschmackvoll angezogen aus.

„Kurschatten! Ich weiß, daß sie verheiratet ist und zwei Kinder hat."

Das ändert auch für mich das Bild.

„Wie bitte?" fragt Katharina.

Ich merke, daß da etwas im Anzuge ist, und schon legt sie mit einem Wortschwall los: „Ihn beschimpft ihr nicht, aber *sie*. Ist das für die Frau eine größere Sünde als für den Mann? Warum? Er hat viele Möglichkeiten, eine vom Büro oder auf Reisen oder während der Kur ... Und sie? Denk dich doch mal in diese Frau hinein: Beruf, Haushalt, zwei Kinder, zehn und fünfzehn Jahre, und wie lange schon denselben Mann, von dem sie vielleicht weiß, daß er, obwohl ein guter Mensch und in der Ehe ordentlich, gelegentlich mal ausschert. Oder er ist kein guter, aber wiederum nicht so schlecht, daß sie sich von ihm scheiden lassen will. Was hat sie denn noch vor sich? Mit dreiundvierzig jedenfalls viel weniger als er mit fünfzig. Eine biologische Ungerechtigkeit, die auch der Sozialismus nicht ausgleichen kann. Er ist im ‚besten Alter', aber sie ‚ist nicht mehr jung'. An Untreue hat sie übrigens nie gedacht. Und dann kommt solche Kur. Vier Wochen keinen Beruf, keinen Haushalt, keine Küche betreten, keine Familie – das ist schon an sich etwas Unvorstellbares. Und dann sitzt während der Mahlzeit einer zwei Tische weiter, schaut mehrmals herüber – nein, kein Irrtum, sie ist gemeint. Ohne daß sie sich dessen bewußt ist, wird sie lustiger, gesprächiger. Sich begegnen, das gelingt schnell ... Wie höflich und aufmerksam er ist, verglichen mit dem

Ihrigen zu Hause. Wie interessiert er zuhört und sie natürlich ihm. Nein, sie wehrt sich standhaft, vier, sechs Tage lang. Und dann wehrt sie sich nicht mehr, ist glücklich, hätte nie gedacht, daß sie so etwas noch mal erlebt.

Die Kur ist zu Ende. Er fährt in seine Stadt und sie in ihre. Wahrscheinlich hat er sie schnell vergessen. Ihr fällt das schwerer. Ich befürworte es nicht, aber auf keinen Fall ist sie mehr zu verurteilen als er. Also hört auf mit Schlampe."

Vorher hatte ich wie Karl gedacht, und nun ...? Ich weiß nicht. Wenn ich mir vorstelle, daß meine Frau ... Wie lange sind wir verheiratet? Dreißig Jahre. Bin ich ihr etwa langweilig geworden? Hab in den letzten Wochen ganz schön herumgebrummt, war überarbeitet. Sie weiß das. Die Meine ist so gefügig und verständnisvoll. Ganz anders als Katharina, die ich achte, die mich beschäftigt, wie man schon bemerkt haben wird. Aber wenn ich sie mir vierzig Jahre jünger vorstelle, als Ehefrau – nein, dreimal nein. Und Kurschatten? Da könnte ich meine Frau jedes Jahr herschicken, so etwas käme bei ihr überhaupt nicht in Frage. Und ich? Ich würde auch nie ... Ich meine, die lange Zeit allein im Ausland, das war mehr zur Normalisierung. Geliebt habe ich keine andere ... Irgendwie beunruhigt mich das Gespräch.

Fred amüsiert sich. „Du bist schon ein originelles Huhn."

Neid kommt in mir auf. Derartiges werde ich nie zu ihr sagen können.

Und wieder Fred: „Katharina, die leidenschaftliche Vorkämpferin der Emanzipation."

„Nur in bestimmten Dingen. Manche Bücher unserer Schriftstellerinnen gehen mir zum Beispiel auf den Nerv, weil bei ihnen immer die Männer die Schuldigen sind und wir immer die Leidtragenden. So ist es ja nun auch nicht."

Das Café ist überfüllt, ich bleibe stark und begnüge mich mit einem Stück dünnen und leider trocknen Streuselkuchen, auch deshalb, weil so mancher hier fressend sitzt, der durch die Kur das Gegenteil erreichen soll. Ich mag das Summen der Gespräche. Worüber unterhält man sich? Sport, Einkaufsmöglichkeit, die Arbeit, die Kinder?

Auf dem Rückweg gehen Katharina und Karl nebeneinander. Sie bleibt häufig vor den Läden stehen, ich laufe mit Fred voraus, drehe mich um und sage: „Selbst jetzt wirkt der Karl zurückgezogen und verbittert."

Da erzählt mir Fred eine Geschichte, die vor dreiundvierzig Jahren geschah: Die Politischen bildeten ein Quadrat auf dem Hof des Konzentrationslagers. Es umschloß drei Galgen, unter denen nach einem Fluchtversuch ebenso regungslos drei Kameraden standen, sechzig Minuten lang.

Befehl des Sturmführers: „Ein Mann vortreten zum Ausführen der Erhängung."

Niemand rührte sich.

Den Häftlingen wurde befohlen, einzeln ihre Häftlingsnummer zu nennen.

„Vortreten!"

Der Häftling sagte seine Nummer und rührte sich nicht.

Der fünfte in der Reihe war Karl. Vier Tote lagen neben ihm.

Ein Siebzehnjähriger trat, bevor Karl seine Zahl ansagen konnte, aus der Reihe: „Häftling Nummer ... meldet sich freiwillig zur Ausführung des Befehls." Der junge Kommunist wurde zum Henker und durfte gehen, die anderen standen „zur Abschreckung" weitere dreißig Minuten Appell. Der junge Kommunist war Karls Sohn.

„Morgen wird Karl achtzig. Niemals hat er seinen Geburtstag gefeiert. Ich fange alles ab und tue so, als ob das Datum nicht existiert."

Wir befinden uns in einem Kurort. Die Patienten kaufen ein, Katharina auch, sie wählt einen hellen Schal. Ich wünschte, Karl ginge nicht direkt hinter mir her, ich wünschte, diese Geschichte hätte ich nie gehört. Warum ist er nicht dazwischengesprungen? Wahrscheinlich hielten ihn die Genossen fest. Was ist aus dem Jungen geworden? Wenig weiß man von einem Menschen, ohne seine Vergangenheit zu kennen.

Die Schloßruine lag zu weit entfernt für Katharina, allein konnte sie dorthin nicht wandern. Das Wetter war schön. Wir beschlossen, die Ruhestunde auszulassen und uns gleich nach dem Essen fortzuschleichen.

Der Weg führte durch den Ort. Kat unterhielt sich gern über Häuser, fand die meisten zu satt, zu behäbig, „eine Mischung aus Spießertum, Fleiß und Wohlstand". Die Haupteinnahme entstand das ganze Jahr über durchs Vermieten. Es ermöglichte, viele Kurgäste privat unterzubringen, also eine nützliche Sache. Vermindert persönlicher Wohlstand das soziale Bewußtsein der Menschen? Eine komplizierte Frage, auf die ich keine Antwort weiß.

Katharina durch eine Ladenstraße zu lotsen war nicht einfach. Sie blieb vor jedem Geschäft stehen. Schlimm, daß sich so etwas nicht einmal im hohen Alter verliert. Ja, sie betrat sogar ein Geschäft, das unglücklicherweise über Mittag offen hatte, um eine Fellmütze zu erstehen. Sie fragte mich, ob ihr diese oder jene besser stände. Halb verärgert, halb belustigt erklärte ich mich für inkompetent.

Es ist kaum zu glauben, wie primitiv Professorinnen sein können. Katharina hatte mir ein Werk von sich gegeben, verblüffend, daß dieser wissenschaftliche Höhenflug von derselben stammt, die vier Mützen aufprobierte. Habe ich bisher vergessen, ihren Titel zu erwähnen, den ich am zweiten oder dritten Tag erfuhr, so liegt es daran, daß er selten benutzt wurde. Sie war wirklich Professor. Selbst die Serviererin am Tisch Nr. 5 gebrauchte ihn kaum, es war üblich, „Frau Katharina" zu sagen.

Sie setzte die neue, von mir höflich gepriesene Kopfbedeckung auf. In der Gaststätte am Dorfausgang tranken wir noch einen Tee „zum Reserveholen", wie sie sagte. Ich konnte diese Pause brauchen, um die Betroffenheit zu überwinden, deren Ursache an sich nichtig war. Als Katharina im Hutladen bezahlen wollte, suchte sie in ihrem Beutel nach der Geldtasche, fand sie nicht und leerte ungeniert den Inhalt des Beutels auf den Ladentisch. Ein Buch, Briefe, eine Tüte Bonbons. Mir war's peinlich. Sie fand das Portemonnaie und hielt es so ungeschickt, daß ein Teil der Münzen auf den Fußboden rollte. Der von mir angefertigte Knüppel, den sie unter den Arm geklemmt hatte, fiel ebenfalls herunter.

Vor mir stand eine der verwirrten, bemitleidenswerten Alten, wie man sie beim Einkaufen trifft, beim mühevollen Besteigen eines Autobusses, beim unsicheren Überqueren der Straße. Ich konnte es nicht fassen, daß Katharina, die Bewegliche, Fröhliche, unausweichlich dazugehörte. Schon auf unserem ersten Spaziergang hatte sie mich davor gewarnt, doch wie unterschiedlich wirkt eine Beschreibung gegenüber dem Selbstdabeisein.

Katharina überwand ihren Zustand schnell. Den Beutel über die Stuhllehne gehängt, sprach sie von Karl, sein Herz mache ihr Sorgen usw. Sicher wußte sie, daß Fred mir von ihm erzählt und später, als mir die Sache keine Ruhe gelassen, hinzugefügt hatte: „Achtundvierzig Stunden nach seiner Tat beging der Junge Selbstmord. Das Urteil des Vaters schon vor dem Freitod: ‚Er wollte mein Leben retten, nun kann ich meins nicht wegwerfen.' Daran hält er bis heute fest. Er hat hart gearbeitet und viel geleistet. Es gab andere, die behaupteten, der Sohn habe nicht an den Vater gedacht, sondern nur an das eigene Leben. Die Verachtung der Mithäftlinge konnte der Junge nicht ertragen. Manche sagen, er sei in der Nacht danach wahnsinnig geworden und habe sich in der darauffolgenden erhängt. Ich selbst rechne das Ende des Jungen zu den Mordtaten des Faschismus, eindeutig und klar. Karl blieb bei seinem Urteil, sonst hätte er nicht die Kraft besessen weiterzuleben."

„Und wo hat Horst, der tapfere Marineartillerist, seine Schiffe versenkt?" fragte Katharina.

Sie sprang in einer Art vom Heißen ins Kalte, vom Heute ins Gestern, die mir nicht lag. Aber alles war natürlich an ihr, man mußte sich dieser Spontaneität fügen.

Wozu ihr meine sämtlichen Kriegsstationen nennen? Erwischt hat es mich zum erstenmal in Griechenland, um genauer zu sein, vor Kreta um 1941, ich hatte eine Verwundung am Hals. In Athen im Lazarett gelegen, nach Deutschland transportiert worden, ausgeheilt, zurück in den Krieg; 1944 Bauchschuß. In Kurland im Lazarett gelegen, die Rote Armee im Anmarsch und ihr voraus die Gerüchte: Verwundete machen sie gleich nieder, Gesunde schicken sie nach Sibirien, ohne Rückkehr, und – kein Gerücht: die Flucht unseres höheren Personals mit dem letzten Schiff. Was man noch alles vor dem erwarteten Tod dazulernt, unsere Vorbilder, unsere Helden! Hätten die mich einen Tag vor ihrer Flucht beim Versuch dazu entdeckt, wäre ich als „Verräter" von ihnen aufgehängt worden. Nun war mein Leben um zwei Tage verlängert, dann würden mich die Russen umbringen. Zweiundzwanzig Jahre war ich alt und hoffte auf eine Kugel statt eines Strickes. Ich zog mich an, nahm mir fünfzehn Verbandpäckchen und ließ mich als unverletzt gefangennehmen. Zwanzig Tage Fußmarsch. Jeden Tag heimlich einen frischen Verband. Der letzte klebte so fest, daß ich ihn nicht vom Eiter losreißen konnte. Ich hätte ja auch keinen neuen gehabt. Wir erreichten das Auffanglager, Brot, Zigaretten, Zucker genau zugeteilt, gerade ausreichend. Meine Wunde brach auf, ich kam ins Lazarett.

„Da gab es eine Ärztin", sagte Katharina.

„Mach dich nicht lustig, genauso war es. Und ohne diese Ärztin ...", schrie ich.

„... wärst du nicht mehr am Leben. Ist es nicht merkwürdig, von der Liebe können die Leute tausend Bücher lesen, hundert Filme sehen, aber das mit der russischen Ärztin, Oberst im Rang, den ganzen Krieg mitgemacht, den Mann oder den Sohn verloren, die verfluchten deutschen Faschisten pflegt sie korrekt, ja aufopferungsvoll wie die eigenen Soldaten ... Wenn die heutige Generation das zum viertenmal hört oder liest, schaltet sie gelangweilt ab, weil sie schon ahnt, was kommt. Weiß man, wie eine Erzählung weitergeht, interessiert sie nicht mehr. Außerdem ist die Geschichte dir altem Großvater mal vor Ewigkeiten passiert. Nur von der Liebe, die kann zweihundert Jahre alt sein, sich hundertmal wiederholen, von ihr kann man nicht genug hören. Vielleicht, weil sie von allen ersehnt wird."

Wir hatten schon längst die Teestube verlassen, gingen nebeneinanderher, sie mit dem von mir zurechtgeschnittenen Knüppel, ich die Hände in den Taschen vergraben, weil ich meine Handschuhe in der Teestube oder zu Hause vergessen hatte. Wie zufrieden sie war, daß mir ähnliches passierte wie ihr.

Sie hatte mir nicht nur hineingeredet, sondern etwas vorweggenommen. Für mich waren diese beiden Erlebnisse entscheidend: Die hohen Heil-Hitler-Offiziere ließen uns im Stich, flüchteten wie Ratten vom sinkenden Land aufs letzte Schiff. Feige Saubande. Kann sein, woanders starben sie tapfer für den Führer, bei uns jedenfalls nicht. Und diese Ärztin – die sich in schlafloser Nacht vor Gram die Augen ausweinte – begrüßte mich am Morgen mit einem Lächeln, bemühte sich, den Verband möglichst schmerzlos zu entfernen, brachte mir täglich ein paar russische Wörter bei. Nach zwei Wochen konnte ich mich in bezug auf Temperatur, Medizin, Stuhlgang, Schmerzen verständigen und auf russisch ihre Worte wiederholen: „Faschist, zweiundzwanzig Jahre, kann noch lernen, Mensch sein."

Ich wurde gesund und kam in ein Lager. Das Essen reichte kaum zum Überleben. Wir wurden, acht Mann, vor den Pflug gespannt und mußten Land urbar machen.

„Katharina, versprich mir, erzähl das niemandem, die Freunde haben es nicht gern."

„Ich hatte nicht vor, es jemandem zu erzählen.

Sag mal, findest du das so furchtbar? Da bist du ja auch heute noch nicht geheilt. Mein Gott, diese Hitlersoldaten trieben Frauen und Kinder in Kirchen, verschlossen die Türen, steckten die Kirchen in Brand, vernichteten Städte, Dörfer, waren die gemeinsten, schlimmsten Mörder, ließen tote Erde zurück, und du flüsterst mir ins Ohr, sie haben uns vor den Pflug gespannt, aber sag's niemandem."

Ich ärgerte mich. „Du willst nicht verstehen."

„Sei nicht böse, erzähl weiter."

Sie hakte mich unter, doch es klappte wieder nicht mit unserer verschiedenen Gangart.

Wenn wir wenigstens die entsprechende Ernährung bekommen hätten, aber hier lag sie derart unter dem Minimum, daß die deutschen Gefangenen einfach umkippten. Meine Wunde brach zum zweitenmal auf. Wieder ins Lazarett. Dort hörte ich, der Lagerkommandant sei wegen Unterschlagung und Geschäftemachens mit Nahrungsmitteln abgelöst worden.

Zurück in dasselbe Lager, wieder die Schinderei vor dem Pflug, aber wenigstens wurden wir beinahe satt. Im Krankenhaus hatte ich von persönlicher Wiedergutmachung geträumt, trotzdem konnte ich die Demütigung nicht ertragen. Ein Fußtritt, Ohrfeigen, tödlicher Haß von jenen, die das Recht dazu hatten, wären besser gewesen als acht Stunden vor den Pflug gespannt. Endlich lagen dunkle Erdfurchen vor uns, wir durften Getreide säen. Ich war wie umgewandelt, lief jeden Tag zum Feld, wollte trotz magerster Kost in diesem Lager bleiben (das sich übrigens nicht in Sibirien befand), bis die ersten Hälmchen hervorkamen. Nein, länger, ich wollte die Saat ernten, das Brot von meinem Feld weitergeben. Mir schien das eigene Schuldkonto damit verringert.

Offen gesagt, richtig schuldig konnte ich mich nicht fühlen, mein Haß und meine Wut auf die Nazis waren zu groß, Wut, daß ich ihnen auf den Leim gekrochen war, Wut, wie sie meine Dämlichkeit, meine Unwissenheit dazu benutzt hatten, ihnen zu glauben.

Mancher mag denken, ich habe mich zu eifrig, zu schnell gewandelt, aber ein Fähnchen-nach-dem-Wind-Mann war ich nie gewesen. Klassenunterschiede und die damit verbundenen Gefühle hatte es für mich schon als Kind gegeben. Es wurde ja keiner groß, ohne zu bemerken, wie reich die einen und wie arm die anderen waren. Die Reichen wußten nicht, wie die Armen lebten, sie nahmen uns das letzte Hemd, um sich ein fünftes zu kaufen. Diese verschwommenen Ansichten hatten die Nazis genutzt: Arbeiterpartei!

Bevor ich meine Halme grünen sah, wurde ich in einen Kolchos abkommandiert, um dort Männerarbeit zu verrichten. Ich verstand vom Lazarettaufenthalt her besser Russisch als die anderen. Die Reise mit dem Zug dauerte sechs Tage, wie viele Kilometer das waren, konnte unter den Kriegsumständen niemand sagen. Mein neuer Wohnsitz lag ungefähr da, wo Europa aufhört und Asien anfängt. Ich wurde zweiundvierzig Kilometer vom Dorf entfernt in eine zentrale Sammelstelle der verschiedenen Kolchosen abgeliefert. Der Empfang war sachlich korrekt. Am nächsten Morgen würde mich ein Lkw weiterbringen, ob bis zum Kolchosdorf, war fraglich, frischer Schnee sei gefallen, doch der Weg nicht zu verfehlen, falls ich die letzten zwölf Kilometer zu Fuß gehen müßte.

„Steig auf, Deutscher." Der Fahrer, etwa so alt wie ich, hatte nur noch ein Bein, im zweiten Filzstiefel steckte eine Prothese. Ein paarmal mußten wir absteigen und Schnee schaufeln. Als es endgültig nicht mehr weiterging, wies er mit einem kurzen Satz, dem einzigen, den er während der Fahrt sprach, die Richtung und sagte: „Gradeaus, erster Weg rechts. Nikolka."

Nach ein paar Schritten drehte ich mich um, der Fahrer schippte Schnee, um Platz zum Umkehren zu schaffen. Das war schwierig im dichten Wald, besonders für ihn.

Ich ging zurück, ergriff den zweiten Spaten. Wir schaufelten zwanzig Minuten, ohne ein Wort zu reden.

Bevor er aufstieg, sagte er: „Faschismus kaputt" und spuckte vor mir aus.

Ich nickte. Mein „Auf Wiedersehen!" blieb unbeantwortet.

Der Lkw tuckerte, ich wartete, bis ich das Geräusch nicht mehr hören konnte.

In meinem ganzen Leben war ich noch nie so allein gewesen. Ich als deutscher Faschist in einem Land, wo wir Millionen Menschen umgebracht hatten. Im Lager mit tausend anderen hatte ich mich weniger schuldig gefunden als jene, die ständig über schlechte Behandlung klagten, immer noch an den Führer glaubten und haßerfüllt flüsterten: „Er wird's ihnen schon zeigen."

Hier im lautlosen, menschenleeren Wald, auf dem Weg ins Dorf war ich *der* Faschist, belastet mit allen von uns begangenen Verbrechen.

Das Ethos der großartigen Ärztin im Lazarett war von den Witwen des Dorfes nicht zu erwarten. Totschlagen würden sie mich, und kein Hahn würde nach mir krähen. Es gab nur einen Grund, mich am Leben zu lassen: Sie brauchten meine Arbeitskraft. Solcherlei Gedanken beherrschten mich, während meine Handlungen im Augenblick aufs Nötige gerichtet waren. Ich nahm mein Messer und ritzte zwei Striche in eine Birke. Sollte ich mich verirren, war dies Zeichen vielleicht wichtig, falls die Wagenspuren erneut vom Schnee zugedeckt wurden. Nein, ich würde mich bestimmt nicht verlaufen, es gab nur diesen einen Weg, und die erste Abzweigung sollte ins Dorf führen.

Ich lief und lief. Bei jedem Schritt versank ich bis über die Walenkis im Schnee. Ich berechnete die Zeit bis zur Dunkelheit, wußte aber nicht, daß sie hier bereits am frühen Nachmittag einsetzte. Ein Rudel Rehe erschien zwischen den Bäumen, sie beäugten mich ohne jede Scheu. Ich brach mit Mühe einen handfesten Knüppel vom Baum, es konnten Tiere kommen, die es nicht beim Betrachten ließen. Ich hatte das Gefühl, nie wieder ein Haus zu erblikken, ein Schutzdach, einen Heustapel, irgendein Zeichen menschlicher Tätigkeit.

Durch Einsamkeit und physische Anstrengung erschöpft, setzte ich mich auf einen gestürzten Baum; nur fünf Minuten, ich hatte genügend Erfrorene gesehen. Es war Oktober, ich schätzte die Kälte zwischen fünfzehn und zwanzig Grad. Weiter. Noch eine Stunde, vielleicht hatte man mich ausgesetzt, aber soviel Mühe würde sich keiner wegen eines einzelnen Gefangenen machen. Andere waren auch zur Arbeit auf Dörfer verteilt worden. Ähnliches hatte ich während meiner Wochen im deutschen Lazarett über russische Gefangene in unseren Dörfern gehört. Sie wurden isoliert gehalten, niemand durfte ein Wort außerhalb der Arbeit an sie richten oder ihnen ein Stück Brot zustecken. Wer das tat, befleckte die deutsche Ehre. Ein Mädchen, welches einem russischen Gefangenen die Hände gehalten hatte, wurde … Nein, lieber Gerüchten keinen Glauben schenken. Gerade jetzt daran zu denken!

Der Seitenweg! Ich beugte mich über den Schnee: Schlittenspuren! Ich lehnte mich erleichtert an eine Buche und ging den Streifen, die wie weiße Straßenbahnschienen aussahen, nach.

Als die Dämmerung einsetzte, endete der Wald, ich stand am Rande tiefverschneiter Felder und erblickte die kaum erkennbaren Schatten des Dorfes. Ich ging jetzt sehr schnell, ja, ich rannte.

Am Eingang von Nikolka befand sich ein größeres, in Dunkel gehülltes Gebäude. Ungefähr vierzig

Häuser schlossen sich an. Am Dorfende stand etwas erhöht, quer zur Straße, die Kirche. Kaum sichtbar fiel Licht durch die mit Schnitzwerk umrandeten Fenster. Ich nestelte meinen Propusk aus der Joppe, um dem ersten, den ich traf, unverzüglich zu beweisen: Ich war amtlich gestempelt.

Kein Mensch auf der Straße. An welcher Tür anklopfen? Der ersten, zweiten, dritten? Eine Frau öffnete, bat mich hinein, trat ans Licht, las den Zettel, schaute mich an, las noch einmal, befahl dem Jungen, der neben einer aus Konservenbüchse und Docht bestehenden Petroleumlampe Domino spielte, mich zu begleiten.

Ein Dutzend Häuser weiter gab er den Propusk und mich ab. Ein alter Mann, eine alte Frau, eine jüngere, ein kleines Kind saßen am Tisch.

Der Alte legte den Ausweis in die Schublade, kratzte sich den Kopf und fragte: „Wo sollen wir dich unterbringen?"

Ich war der letzte, der diese Frage beantworten konnte.

Nach Blickwechsel mit Frau und Tochter entschied er: „Du bleibst erst mal hier."

Ein Haken für meine Jacke wurde gefunden, ein weiterer Stuhl an den Tisch geschoben.

„Tee?" fragte die Alte.

Ich nickte, sah niemanden an, legte die Hände zum Wärmen um den Becher und trank die ersten heißen Schlucke. Weiter weiß ich nichts mehr.

Warum rüttelten sie mich wach? Mein Kopf fiel zurück auf die Tischplatte. Sie schüttelten mich, ich ließ es zu, daß man mir wie einem Betrunkenen die Hose auszog. Das Lachen des kleinen Jungen hatte ich noch vernommen.

Einmal fuhr ich aus dem Schlaf, der Mond schien, die Umrisse des Raumes waren schwach erkennbar. Ich lag, mit einem Schaffell bedeckt, auf dem warmen Ofen. Es schliefen neben mir das Kind, seine Mutter, der Alte, seine Frau.

Irgendwo tobte der Krieg, ich wußte nicht, was morgen geschehen würde. Ich berührte das Kind und fiel mit ruhigen Atemzügen, die ich noch selbst vernahm, zurück in den Schlaf.

Früh erwachte ich als letzter. In diesem Raum, wo die Großmutter den Enkel anzog, der Mann sich die Fußlappen zurechtlegte, die Tochter Bluse und Rock überstreifte, spielte es keine Rolle, ob einer auf dem Ofen lag und schnarchte. Der eine stieg auch bald hinunter und bereitete sich wie die anderen auf den Tag vor.

Das Bübchen, vielleicht vier Jahre alt, schüttelte dem Fremden artig die Hand und nannte sich Witja. Fragen, die er mir stellen wollte, verwehrte ihm seine Mutter, eine kräftige blonde Frau, die fünf tönerne Näpfe auf den hellgescheuerten Tisch stellte, an dem viel mehr Menschen Platz gehabt hätten.

Die Babuschka nahm einen Topf mit Hirse aus der Ofenglut und verteilte das Gericht. Die Hirse wurde mit Öl und Salz gegessen, nur das Kind erhielt Zucker und Milch über den Brei. Tee gab es, soviel jeder mochte, und eingemachte Beeren, ihn zu süßen, sparsam, jeder nur einen kleinen flachen Löffel voll.

Die Großmutter fragte, wann ich zuletzt gegessen habe, schweigend füllte sie meine Schale das zweitemal. Als sie mit mir allein im Raum verblieb, flüsterte sie: „Der Faschismus ist das schlimmste Verbrechen, das größte Unglück auf der Welt. Ich werde für dich beten." Sie wandte sich ab.

Ich wußte, daß sie weinte.

Bereits in den ersten Tagen wurde mir klar, daß diese unscheinbare, stille Frau im Haus regierte. Sie hütete den Enkel, teilte die knappen Lebensmittel ein, achtete auf Gebräuche, rückte Lenins Bild nach dem Abstauben gerade und sorgte dafür, daß das Öllämpchen neben den Ikonen nicht versiegte.

Draußen regierte ihr Mann, der siebzigjährige breitschultrige Pjotr. Er war, soweit ich herausfinden konnte, Kolchosleiter, Bürgermeister und Parteisekretär in einem. „So ist's im Kriegskommunismus", erklärte er mir.

Daß mein Erscheinen im Dorf ohne Zwischenfälle vorüberging, habe ich seiner Klugheit zu verdanken. Er begleitete mich zur Arbeit. Auch als sich die Einwohner an meinen Anblick gewöhnt hatten, begegneten sie mir mit Zurückhaltung und Schweigen. Es geschah, daß Frauen in Tränen ausbrachen und vor mir wegliefen. Gingen Jugendliche vorüber, trafen mich Knüppel am Kopf oder Rükken. Ich biß die Zähne zusammen und drehte mich nicht um. Dies geschah auch noch, nachdem Pjotr eine Versammlung der Dorfbewohner einberufen hatte, von der ich damals nichts wußte. Er, der Pope, die Lehrerin und ein, zwei Bäuerinnen hatten über mich gesprochen. Der Pope war am Leben interessiert, gütig und hilfsbereit. Er hielt die Kirche instand, las, wie die meisten Dorfbewohner, die mit Wochen oder Monaten Verspätung eintreffende „Prawda", diskutierte vernünftig, arbeitete während der Ernte mit, beriet den Kolchos ohne jeden Falsch und brannte in mein Hirn, wie es jeder andere Dorfbewohner tat, sobald sie begannen, mit mir zu sprechen, welches widermenschliche und todbringende Unglück der Faschismus in ihr Land gebracht hatte. Sie verstummten, als ich auf ihren Höfen zu arbeiten begann, und sie spürten, ich hatte es selbst erkannt. Auf ihre Frage, warum es hatte geschehen können, daß deutsche Arbeiter auf russische schossen, auf diese millionenfach in der Sowjetunion gestellte Frage wußte ich keine Antwort.

Als einziger gesunder junger Mann im Dorf mußte ich schwer arbeiten. Pjotr gab mir meine Aufgaben. Je drei Häuser benutzten einen Ziehbrunnen gemeinsam. Nach den ersten Wochen bestimmte Pjotr, ich solle Wasser für alle Haushalte holen, so viel, wie die Frauen in der Wirtschaft brauchten. Später begriff ich, wie richtig seine Entscheidung gewesen war. Bald gab es den Morgengruß und ein Dankeschön, wenn ich mit den gefüllten Eimern das Haus oder den Stall betrat. Wurde ein Zuber voll benötigt, holte ich soviel wie gewünscht. Ich kann es beschwören, keine einzige

Frau rächte sich an mir, verlangte mehr, als sie brauchte. Ich hackte Holz für die Bäuerinnen und heizte zweimal wöchentlich die im ersten Gebäude des Dorfes liegende Sauna. Ganz Nikolka besuchte sie. Fröhlich ging es dort zu, ich hörte den Gesang der Frauen durch die hölzernen Außenwände. Auch im Krieg kann der Mensch nicht jede Stunde bangen. Beim Betreten gab man die Wäsche ab und erhielt sie desinfiziert zurück. Das Dorf war frei von Ungeziefer. Wie es in anderen Dörfern aussah, weiß ich nicht. Für Nikolka kann ich es bezeugen.

Im Kolchosstall standen ein Ochse und an die achtzehn Kühe. Im Winter wurden die Tiere über Nacht in Halfter gesteckt, die an Haken im Querbalken über ihren Köpfen hingen, und hochgezogen. Am Boden wären ihre Körper angefroren. Jede Nacht wurde zwei-, dreimal kontrolliert. Pjotr teilte uns ein, ich kam öfter dran als die Frauen mit Kindern und ohne Mann. In der ersten Zeit nannte man mich, soweit ich überhaupt angeredet wurde, „Faschist", später „Fritz" oder „Deutscher" und nach ein paar Wochen „Junger".

Sehe ich Nikolka im Winter vor mir, sind es die langen Nachmittage und Abende hinter den Frostblumen der Fensterscheiben. Die Abgeschiedenheit des Dorfes in der Zeit des hohen Schnees läßt sich kaum beschreiben. Wie gesagt, es waren zweiundvierzig Kilometer bis zur Kolchossammelstelle.

Im Oktober war ich angekommen, im November wurde es um zwei Uhr dunkel, und ab drei Uhr heulten die Wölfe. Sie waren kostbare Beute. Für ein abgeschossenes Tier gab es dreihundert Rubel in alter Währung.

Die Familien kamen in dem einen oder anderen Haus zusammen, am häufigsten bei Pjotr. Aber auch bei den anderen war ich dabei. Holzlöffel und Schachfiguren wurden geschnitzt, Spielzeug, Tabletts, Bilderrahmen gebastelt, Strohpuppen geflochten, Geschichten erzählt, Schach gespielt und im Radio täglich mit klopfendem Herzen der Vormarsch der „Unsrigen“ verfolgt. Pjotr spielte Akkordeon, die Lehrerin Mundharmonika, der Pope die Flöte, es wurde gesungen und manches Mal getanzt. Keine Stunde habe ich mich fortgesehnt oder gelangweilt. Ich war nun nicht mehr Gesprächsstoff, sondern Bestandteil. Es half, daß ich gut singen konnte. Wenn ich heute viel von der Sprache vergessen habe, die Lieder, ihre Melodien und Worte kenne ich noch genau; höre ich sie heute, taucht sofort mein Dorf auf.

Es war das Jahr 1944. Seit der Schlacht bei Stalingrad befanden sich die sowjetischen Truppen und mit ihnen jene Männer, Söhne und Brüder aus Nikolka, die noch am Leben waren, auf dem Vormarsch.

Stalins Geburtstag am 21. Dezember sollte eine Hoffnungs- und Freudenfeier werden, auf die sich ganz Nikolka gründlich vorbereitete.

Im Winter kam je nach Witterungsverhältnissen ein Lastwagen oder Schlitten alle paar Monate von der Kolchossammelstelle und brachte das Nötigste an Haushaltsgeräten, Textilien, Zeitschriften, Büchern, Tee, Zucker und Medikamenten. Letztere wurden wenig benutzt. Es war kaum jemand krank im Dorf. Die Frauen vertrauten – heute glaube ich, zu Recht – ihren im Sommer gesammelten Heilkräutern. Ich erlebte diesen Warenbringer das erstemal drei Wochen vor Stalins Geburtstag, sein Eintreffen war ein Fest für sich.

Wenn die Frauen auch nicht alles, was sie sich gewünscht, erhalten hatten, gab es endlich einmal genug zu kochen und zu backen. Die Häuser besaßen keine Herde, der vier Meter lange Ofen war zugleich die Kochgelegenheit. Die Frühstückshirse, abends in die Glut des großen Ofenlochs geschoben, war am Morgen heiß und wunderbar weich. Gerichte wurden in feuerfestem Tongeschirr zubereitet. Eins hatte das Dorf allerdings bestellt, weil die Zutaten fehlten: zweiunddreißig Kilo einer besonderen Art von teurem Honigkuchen. Während die Familien ihren Lohn, der meist aus Naturalien bestand, nach Leistung erhielten, wurde dieser Geburtstagskuchen gleichmäßig an alle verteilt.

Drei junge Frauen hatten sich Stoffe – auch dies eine Seltenheit im vierten Jahr des Krieges – mitschicken lassen. Es gab eine Näherin im Dorf, und es existierte – weiß der Teufel, woher – ein Heft mit Schnittmustern, Vorkriegsjahrgang. Diese Näherin versprach, in den drei Wochen bis zum 21. Dezember aus dem Blümchenstoff Kleider anzufertigen, doch ihre Singer-Nähmaschine, die einzige im Dorf, versagte. Da ich aus Deutschland stammte und ein wenig mit Maschinen umzugehen wußte, wurde ich zu Rate gezogen. Aber auch hier, wo mir jeder Gastfreundschaft und Vertrauen entgegenbrachte, nutzte ich – wie beim Tauschhandel auf den Schiffen – meinen Vorteil, fummelte herum, baute aus und wieder ein, obwohl ich mühelos erkannt hatte, das Übel lag in einer verkehrt eingesetzten Nähnadel.

Von nun an hieß ich „Ingenieur“.

Zu Stalins Geburtstag wurde ein Rind geschlachtet und abgehäutet, seit Monaten einmal genug Fleisch. Da gab es jenes Gericht: eine Schicht dünnen Brotteig, die zerkleinerten Innereien vom Rind, wieder eine Schicht Teig, eine Schicht rote Bete und zwischen jeder Lage Talg aufgelegt.

Pjotr sagte im Vorgenuß der Speise: „Wenn das aus dem Ofen kommt und du ißt davon, kannst du zwei Flaschen Wodka trinken und stehst noch.“

Das Dorf brannte seinen Schnaps selbst, ich erkundete nicht, ob legal oder illegal.

Zwei Tage vor dem Fest kam Pjotr zu mir. „Weißt du, mein Junge, es wird Tag und Nacht gefeiert, es wird gegessen und noch mehr getrunken. Alles ist bisher gut gegangen, aber wo es viel Alkohol gibt, bricht manches auf. Kann sein, es hat sich einer nicht mehr in der Gewalt, aus einem werden mehrere. Bleib zu Hause, ich schließ dich ein. Glaub mir, es ist besser so.“

Ich verstand.

Habe ich Pjotr schon beschrieben? Groß, ein wenig gebückt, mit weißem Bart und grauem Haar, buschigen, verwilderten Brauen, starkem Kinn und blauen Augen. Weich und mitleidig war er und sehr gütig. Die meisten wußten es, daher ihr Vertrauen. Laut, vital und energisch, ließ er keinem etwas durchgehen, daher ihr Respekt.

In den Stunden vor der Feier huschelten die Frauen unter irgendeinem Vorwand zu mir herein.

Die eine brachte vom Kuchen: „Laß es dir gut schmecken, Ingenieur", die andere Machorka: „Daß dir die Zeit nicht zu lang wird, Jungchen", wieder eine Schnaps: „Iß etwas dazu, sonst randalierst du in deiner Stube, hier ein Stück Speck."

Eine Schüssel, gefüllt mit dem einem Wunder gleichenden Fleischauflauf, erhielt ich selbstverständlich ebenfalls. Alles Kostbarkeiten in dieser Zeit. Zu guter Letzt brachten mir zwei Frauen ihre Kinder: „Paß auf sie auf, Söhnchen, hier hast du Milch für sie und auch ein wenig Milch für dich. Schreien sie, gib ihnen zu trinken."

Da saß ich mit meinem Weihnachtstisch voller Gaben, schaute auf die schlafenden Kleinen, von denen das eine keinen Vater mehr hatte. Mit dem bunten Frühlingsstoff war für die junge Mutter zugleich die Nachricht eingetroffen, die alle Frauen so fürchteten. Der Stoff blieb liegen, aber auch Marja feierte mit, denn nun besaß sie nur diejenigen, die sie um sich hatte. Sie blieb nicht die einzige, die während des Festes weinte, aber auch nicht nur weinte.

In dieser Nacht, die ich hinter Schloß und Riegel verbringen mußte, damit ich nicht verprügelt werden konnte, empfand ich die Wärme, die Größe, das Füreinander der Menschen, wie ich sie nie zuvor oder danach erlebt habe.

Die Sendung auf dem Lkw enthielt zur Freude und Überraschung aller vier Sack Erbsen, Pjotrs und meine Lieblingsspeise, wie sich herausstellte. Seit Kriegsbeginn hatte er sie vermißt. Von ihm selbst wurden sie mit Zustimmung aller als eiserne Reserve zurückgelegt, falls die letzte Kartoffel und das letzte Pfund Mehl verbraucht waren. „Wer weiß, was noch alles auf uns zukommt", sagte er.

Niemand hätte ihm übelgenommen, wenn er sich zwei Hände voll in die Taschen seiner Joppe gesteckt hätte.

Der arme Pjotr stöhnte, als ich die Säcke ablud.

Mein Gehirn arbeitete, bis eine Idee entstand. Ich schlug die Stelle vor, wo die Säcke geleert werden sollten.

„Mach schnell, ich kann den Anblick nicht ertragen." Pjotr schloß den Lagerraum ab und legte den Schlüssel in Verwahrung. Es war nicht daran zu denken, mit oder ohne Schlüssel etwas zu unternehmen, was einem Einbruch ins Vorratslager gleichkam. Die Scheune mit verkittetem Fenster und verstopften Ritzen, winterfest bis unter dreißig Grad Kälte, war uneinnehmbar. Doch eine Öffnung existierte: ein winziges rundes Katzenloch fürs Hineinkriechen zum Mäusefang. Daneben hatte ich die Erbsen geschüttet.

Unter den Kellen der Hausfrau suchte und fand ich die entsprechende Größe für die Öffnung. Zunächst gelang es mir nicht, an die Kullerdinger heranzukommen. Erst meine dritte Konstruktion mit angebautem langem Stiel hatte Erfolg. Speck besaß ich noch von Stalins Geburtstag.

Es dauerte Tage, bis sich die Gelegenheit ergab, meine Erbsen unbeobachtet in den Garzustand zu versetzen, sie im richtigen Augenblick – während aller Abwesenheit – zu erhitzen und dem ebenso erschrockenen, scheltenden, wie später vor Genuß schmatzenden Pjotr zu servieren.

Bald nach dem großen Fest hatte ich die Kühe gemolken, den Stall gesäubert, gemeinsam mit Marja, die den geblümten Stoff besaß, ohne daß ein Kleid daraus geworden war. Meine Joppe, die sich durch nichts von der anderer Bauern unterschied außer dem roten „P" der Gefangenen auf dem Rükken, hatte ich in der Stube gelassen. Seit Marja wußte, der Mann kommt nicht aus dem Krieg zurück, war sie still geworden. Ich fühlte mich unbehaglich in ihrer Nähe und fand es nicht klug von Pjotr, daß er uns zur gleichen Arbeit eingeteilt hatte. Ich erwähnte ihren kleinen Sohn und wie brav er während des Festes geschlafen hatte.

Sie wurde lebhafter: „Wir hatten uns mindestens drei gewünscht. Ich weiß, du haßt den Faschismus, aber warum hast du's nicht schon eher getan?"

Ich glaube, es war das letztemal, daß jemand im Dorf so mit mir sprach. Ich gehörte dazu. Ohne darüber nachzudenken, rechneten sie und auch ich mit meinem Hierbleiben.

Als ich aus dem Stall zurückkam, war nur die

Großmutter in der Stube. Ich griff nach meiner Jacke und sah, es war nicht die meine. Das rote „P" fehlte.

Die Großmutter schnitt Weißkohl auf einem großen Holzbrett. „Zieh sie an."

Ich küßte ihr die Hände.

Im Frühjahr begannen die Feldarbeiten. Ochse oder Pferd wurde vor den Pflug gespannt oder auch der Spaten benutzt. Wie fruchtbar war die Erde. Säen, pflanzen, die Felder vom Unkraut säubern ... Nur am lang erwarteten Tag des Sieges, am 9. Mai, wurde die Arbeit unterbrochen.

Diesmal feierte ich mit. Pjotr als Kolchosleiter, Parteisekretär und Bürgermeister, die Lehrerin in der Schule, der Pope in der Kirche benutzten dieselben Worte: „Nie wieder darf sich dieses Unheil wiederholen, der Faschismus ist das Schlimmste. Wir haben gesiegt, von nun an werden wir in Frieden leben."

Die Feier verlief stiller, als ich erwartet hatte – zu viele dachten an ihre Toten.

Getreide, Mohrrüben, Kartoffeln, Zwiebeln, Gurken und Kohl gediehen; Obstbäume gab es in dieser Gegend nicht. Die Kinder kannten keine Äpfel, aber täglich hatte ich sie mit einem Stück rohen Kohl, Mohrrüben, Zwiebeln oder Knoblauch vitaminreich durch den Winter gehen sehen.

Im Sommer blieb die Gemeinschaft des Dorfes nicht auf die Stuben begrenzt, sie bezog die Natur mit ein, auch außerhalb der Kolchosfelder. Wildschweine wurden gejagt und aufgeteilt oder, wieder ein Anlaß zusammenzukommen, in einem Stück gebraten, Kaninchen wurden erlegt und auf die Haushalte verteilt, aus Birkensaft ein Getränk hergestellt, nach dem es mich heute noch dürstet. Die Bäume wurden angeritzt, der Saft floß in Eimer. Ob die Frauen anderes dazutaten, weiß ich nicht. Es wurde nur darauf geachtet, daß die Bäume nicht von der Entnahme ihres Saftes starben. Honig lieferten wilde Bienenschwärme. Beeren wurden gemeinsam gesammelt. Wie oft gingen die Frauen in die Pilze, dicht wie ein Teppichmuster wuchsen sie auf grünem oder braunem Grund. Mit Kiepen und vollen Körben kehrten die Sammler zurück und legten die Pilze auf köstliche Weise ein.

Beim Beeren- oder Pilzesuchen wurde ein Platz in einer Waldlichtung zum gemeinsamen Mittagessen festgelegt. Während der Arbeit und danach: an allen Sommertagen wurde gesungen. Standen mehr als zwei Mädchen zusammen, konnte man sicher sein, irgendwann ertönte ein Lied. Sogar beim Kartoffellegen sangen sie, und es schien, als ob ihre Melodien der fruchtbaren Erde guttaten.

Künstlicher Dünger war hier ein Fremdwort. Pjotr sagte: „Steckst du bei uns eine faule Kartoffel hinein, erntest du im nächsten Jahr zehn gesunde."

Die Männer kehrten einzeln in ihr Dorf zurück, nicht einmal die Hälfte jener, die ausgezogen waren, das Land zu verteidigen. Ob Pjotr oder die Frauen mit ihnen gesprochen hatten, bevor sie mich trafen? Wahr ist, ich arbeitete wie alle, lebte wie alle, und als nach achtzehn Monaten der Befehl kam, den Gefangenen ins Lager zurückzuschicken, traf es mich wie ein Schlag. Auch in Nikolka wollte niemand daran glauben. Ich hatte nicht geahnt, daß ich noch irgendwo registriert war, daß in diesem schrecklichen Krieg mit Abermillionen Toten, Verwundeten, Gefangenen ein Papierchen über mich persönlich existierte, das mein Schicksal entschied.

Pjotrs Frau legte weinend ein altes Tuch zurecht, füllte es mit Kohl, Speck, Zwiebeln, Brot und knotete die Zipfel zusammen. Pjotr legte eine Zeitung zum Zigarettendrehen, etwas Tabak und fünf Rubel in neuer Währung dazu.

Ich zog meine alte Jacke wieder an. Über vierzig Einwohner von Nikolka begleiteten mich bis zum Waldrand an die Stelle, wo ich vor ewigen Zeiten erschöpft und voller Ängste in der Dämmerung das Dorf erblickt hatte.

Ich ging fort für immer, aber das Dorf war in mir, niemand konnte es mir entreißen.

Warum hab ich das Katharina erzählt, warum?

Vielleicht laden Kurorte wie Touristendampfer dazu ein, sich mit Menschen, die man vorher nie gesehen hat und nicht wiedersehen wird, zu unterhalten. Es scheint leichter, einem Fremden gegenüber vom eigenen Leben zu sprechen als mit jenen, die ständig um uns sind.

Sie hatte, ohne mich zu unterbrechen, zugehört, und auch als ich verstummte, war sie stillgeblieben.

Viel später fragte sie: „Hast du es wiedergesehen, dein Dorf?"

Ich schüttelte den Kopf.

Das Lager war hundertdreißig Kilometer von Nikolka entfernt. Es grenzte an ein Städtchen, in dem wir zerstörte Häuser wieder aufbauten.

Nach knapp drei Wochen wurde ich zur Wache gerufen: „Besuch für dich."

Auf der Bank saß Pjotr und brummelte: „Hatte in der Stadt zu tun, da dacht ich, gehst mal vorbei und siehst, was der Junge macht."

In der Stadt zu tun? Während meiner achtzehn Monate in Nikolka war er niemals so weit fort gewesen. Ein Jahr nach dem Krieg gab es noch keine durchgehenden Verbindungen, wie viele Kilometer mußte er gelaufen sein, wie viele Fahrer um Mitnahme gebeten haben.

„Unsere lassen dich grüßen", sagte er, packte Gaben aus, erzählte, wie sich das junge Getreide anließ, wem der Mann zurückgekehrt, wo ein Kind geboren worden war.

Und ich heulte los. „Pjotr, nimm mich mit, bitte, bitte, nimm mich mit, leg ein Wort ein für mich, sag, die in Nikolka wollen mich wiederhaben, adoptier mich, verheirate mich mit der Witwe Marja, sag ihr, ich hab sie lieb, konnt's ihr nicht selber sagen, und mag sie mich nicht, laß mich trotzdem kommen."

„Söhnchen, soviel Macht besitze ich nicht."

Pjotr legte mir die Hände auf die Schultern, drehte sich um und ging langsam davon. –

Kur-Abendbrot, Zeitung lesen, Nachrichten hören (letzteres mit Kopfhörer in meinem Zimmer). Fred und Karl saßen unter Katharinas Regie häufig an den Abenden mit uns zusammen. Karl sprach wenig, und wenn er's tat, schoß er mit seinen Worten übers Ziel. Ich wunderte mich, wie loyal der geistig viel regere Fred zu ihm hielt.

Falls es den Eindruck erweckt, als ob Katharina und ich auch außerhalb der Mahlzeiten an Tisch Nr. 5 ständig zusammenhockten, alles gemeinsam unternahmen, wäre das falsch. Wir gingen oft jeder für sich allein durch die schöne Landschaft, und taten wir es zu zweit, so ergab es sich aus dem gegenseitigen Wunsch, obwohl wir damit rechnen mußten, uns im Gespräch oder Verhalten gelegentlich übereinander zu ärgern.

„Kurschatten", hatte ich hinter meinem Rücken gehört. Natürlich, das mußte ja einmal gesagt werden. Viel mehr schockte mich die Bemerkung eines Mannes: „Die beiden Alten passen doch ganz gut zusammen."

Die beiden Alten!

Ich hätte, wie schon gesagt, tatsächlich ihr Sohn sein können. Aber für diesen etwa Vierzigjährigen waren wir eben zwei Alte. Dem Mann ging jedes geschichtliche Bewußtsein ab. Wir waren verschiedene Generationen mit gegensätzlichen Grunderlebnissen, die sich so wenig vergleichen ließen wie ein Berg mit einer Grube. Was wir später gemeinsam geleistet hatten, diente einem Ziel, den Heutigen unsere Erfahrungen zu ersparen, ihnen eine gute neue Basis zu schaffen. Darüber sollte dieser vierzigjährige Trottel, der gar keiner war, sondern ein tüchtiger Werkleiter, mal nachdenken.

Als wir vier Alten (verdammt noch mal, jetzt fang ich auch schon so an) an diesem Abend im Klubraum zusammensaßen, hatte Katharina, wie stets, ihr Strickzeug bei sich. Sogar während des Fernsehens strickte sie.

„Die einzige Handarbeit, die ich beherrsche“, hatte sie erklärt, „nur Muster mit Maschenzählen geht nicht mehr.“

Nachdem Fred eine Bemerkung über ihr Dauerstricken, das eigentlich gar nicht zu ihr passe, vom Stapel gelassen hatte, wurde uns ein Vortrag zuteil: „Ich stricke, weil es die Senilität hinauszögert. Jawohl, guckt nicht so blöd, das ist mein Ernst. Die Bewegung der Hände stimuliert das Gehirn und umgekehrt. Hab ich dir nicht erzählt, Horst, wie die Affenhand vom Klettern und Hangeln zwischen den Bäumen nach dem Aufrechtgang am Boden immer geschickter wurde? Die Entwicklung der Hand, eine der wichtigsten Vorstufen zur Menschwerdung in Verbindung mit dem Auge und dies beides in Verbindung mit dem Gehirn. Wie Wechselstrom muß man sich diesen Kontakt zwischen Gehirn und Hand vorstellen. Und diese Wirkung der gegenseitigen Stimulierung existiert heute noch. Nicht nur die geistige Arbeit, auch die Handarbeit hat Einfluß auf das Gehirn.“

Nun war sie wieder bei ihrer Anthropologie, und ich stellte ihr eine Frage, die mir schon lange im

Kopf herumging: „Wenn ihr schon soviel von der Affenhand bis zur Menschwerdung wißt, was kann die Anthropologie da noch herausfinden?"

Ihr Blick bewies, ich war wohl doch ein fast hoffnungsloser Fall. Aber noch schien sie nicht bereit, mich aufzugeben.

„Für mich ist sie die aufregendste aller Wissenschaften und so ergebnisreich. Immer wieder gibt es neue Funde, hauptsächlich in Ostafrika, aber selbst in der kleinen DDR, die unsere theoretischen Annahmen vertiefen oder verändern. Da fand zum Beispiel ein Forscher in Äthiopien Knochen- und Steinwerkzeuge, die nur von Menschen hergestellt sein konnten. Die Geologen wissen, diese Ablagerungsschicht, in der sie entdeckt wurden, ist eine Million siebenhundertfünfzigtausend Jahre alt. Bisherige Geräte und Skelettfunde legten das Alter der Gattung Mensch auf siebenhundertfünfzigtausend Jahre fest. Könnt ihr euch vorstellen, was dieser Fund bedeutete? Der Forscher, übrigens ein Engländer namens Leakey, suchte und suchte in dieser Schlucht in Äthiopien nach Skeletteilen des dazugehörigen Menschen; er fand immer nur Geräte, die eine Gruppe von Menschen erfunden und benutzt haben mußte. Er gab nicht auf, Zentimeter um Zentimeter klopfte, scharrte und suchte er achtundzwanzig Jahre lang. Dann fanden sich zwei menschliche Zähne. Er arbeitete Tag und Nacht wie vom Fieber besessen, bis er vierhundert Bruchstücke eines menschlichen Schädels geborgen und rekonstruiert hatte. Mit einem Schlag war der Ursprung der Gattung Mensch auf eine Million Jahre zurückverlegt.

Das geschah 1959. Heute weiß man bereits, daß die ersten menschlichen Spuren an die drei Millionen Jahre zurückliegen. Stellt euch vor, welch neue Erkenntnisse sich aus solchen Funden ergeben. Da liegt noch eine phantastische wissenschaftliche Zukunft vor uns."

Keiner hatte sie unterbrochen. Sogar ihre Stricknadeln ruhten. Katharina besaß nicht nur die Fähigkeit, so etwas zu sagen, sie erlebte es, und wir verspürten Ehrfurcht vor dieser Wissenschaft und ihrer Verkünderin.

Katharina wollte von mir die letzten Nachrichten hören.

Reagans Worte gegenüber Nikaragua klangen immer bedrohlicher, und es blieb nicht bei Worten. Stetig und gezielt ging er gegen ein Volk mit legaler fortschrittlicher Regierung vor, sorgte für Übergriffe vom Nachbarland Honduras aus und nannte die von ihm bezahlten Banditen „unsere Brüder, Helden, Kämpfer für die Freiheit".

Katharina bemerkte: „Kuba ist Reagans Alptraum. Daher verträgt er nicht, wenn in *seinem* Raum eine Militärdiktatur durch eine Demokratie gestürzt wird. Als *seinen* Raum betrachtet er ganz Latein- und Mittelamerika. Für Waffenhilfe gegen Nikaragua hat er weitere vierzehn Millionen Dollar für 1985 beantragt, ihr werdet sehen, Senat und Kongreß bewilligen das Geld."

Ich fiel ihr ins Wort: „Sein Raum? Da kannst du

die befreiten Nationen in Afrika gleich dazuzählen."

„Erinnert ihr euch an den Chaplin-Film ‚Der große Diktator'?" fragte Katharina. „Da gibt es eine tolle Szene: Hitler spielt mit der Weltkugel wie mit einem Luftballon. Als Ernst draus wurde, hat das Spiel fünfzig Millionen Tote gekostet. Reagan versucht, außer mit der Erde mit dem Kosmos zu spielen. Wird das Ernst, würde unser Planet, auf dem achtzigtausend Generationen Menschen gelebt und sich entwickelt haben, untergehen."

Und Fred: „Sagt doch nicht immer er ..., er ... Was ist denn Reagan an sich? Ein alter Mann, der gern auf Pferden reitet, sich schminkt und seine Schauspielereien liebt. Und was war Hitler an sich? Sagt statt Reagan Militär-Industrie-Komplex, dann habt ihr die reichste, mächtigste, gefährlichste Front des heutigen Amerika."

Und ich: „Wenn sich dieser Komplex kaputtprofitiert, wenn die Aufrüstung Höhen erreicht, die sozial untragbar werden? Bereits jetzt hast du ein tiefverschuldetes Amerika mit Handelsdefizit, Arbeitslosigkeit, Hunger, Kranken, für die der Arzt unbezahlbar ist. Das sind keine Greuelmärchen, das gibt's doch alles schon, und nicht nur in den Großstädten. Heute hab ich einen, wohlgemerkt westlichen, Bericht über die Getreidegebiete der USA gehört. Die Schaufenster und Kleinstläden sind beklebt mit Verkaufsanzeigen für Farmen plus sämtlichem Zubehör, die Läden selbst stehen bereits leer, die Stadtbanken haben Bankrott gemacht, zuerst gehen die Farmer kaputt, logischerweise folgen die Kleinstädte. Keine Käufer, keine Steuerzahler existieren mehr. Die Zustände sind mit der schweren Depression 1926 zu vergleichen. In einigen Teilen von Nebraska spricht man vom totalen Zusammenbruch. Es gibt schon Fälle, wo der Senat oder der Kongreß mit etwas Sinn für Realität diesen sozialen Abstieg und die Spannungen, die er hervorruft, nicht ganz beiseite schiebt und Reagans Summen für sein Kriegsbudget verweigert."

Und Katharina: „Am bittersten trifft mich, daß die Sowjetunion und die Staaten an ihrer Seite zum Mitrüsten *gezwungen* werden. Vernünftige Pazifisten sagen, es ist doch ein Wahnsinn, das Vierzigfache an Waffen zu besitzen, als nötig ist, um die Welt zu vernichten. Rüstet gleichmäßig ab. Ich stimme ihnen zu und kann nur erklären, die Sowjetunion tut es ebenfalls. Sie hat schon zehnmal vorgeschlagen: Einfrieren der Kernwaffen und gleichmäßiges Abrüsten.

Ein Amerikaner sagte auf dem Internationalen Anthropologenkongreß zu mir: ‚Zweihundertfünfzig Raketenköpfe können alles vernichten, was unseren Planeten am Leben erhält. Warum besitzen wir Amerikaner zehntausend Stück und haben vor, bis 1988 noch viertausend mehr herzustellen?'

Er diskutierte wie viele Pazifisten mit naiv goldenem Herzen (anderes will ich ihm nicht unterstellen) folgendermaßen: ‚Kann die Sowjetunion nicht mit gutem Beispiel vorangehen und alle Waffen zuerst abschaffen? Die moralische Wirkung solcher Handlung würde so stark sein, daß die USA folgen müßten.'"

Fred unterbrach sie: „Moral vom Militär-Industrie-Komplex erwarten! Hat jemand Moral vom Faschismus erwartet? Wie hätten sich Hitler und die Monopole, die hinter ihm standen, über eine unbewaffnete Sowjetunion gefreut. Wie munter hätten sie das ungeschützte Land überfallen und innerhalb von Wochen besiegt. Stellt euch mal vor, wie dann die Welt heute aussehen würde, wenn sie überhaupt noch existierte. Damals hat die Sowjetunion viele Menschen opfern müssen, weil sie in den ersten Tagen und Wochen ungenügend vorbereitet war. Das wird ihr kein zweites Mal passieren. Deshalb besteht sie auf gleichmäßiger Abrüstung. Im nächsten Krieg ginge es nicht einmal um Tage, sondern um Minuten!"

„Wie schrecklich das alles ist", sagte Katharina leise.

Karl stand auf, umklammerte die Stuhllehne und sagte: „Die haben nie einen Krieg im eigenen Land erlebt, denen müßte 'ne eigne Bombe auf ihrem Boden losgehen, eine von ihren neuen, mit zehnfacher Hiroshima-Wirkung. Die würden nie wieder wagen, das Wort Krieg auch nur auszusprechen. Ich weiß, ich bin ein Radikalinski, aber lieber eine amerikanische Stadt als die Erde nicht mehr bewohnbar. Na, schlaft man gut, ihr Diskutierer."

Gebückt, den Kopf zwischen die Schultern gesunken, ging er mit kleinen unsicheren Schritten durch die Halle. Wir blickten uns betreten an. Katharina faßte sich zuerst.

„Auch das ist Wahnsinn. Alles, was Menschenleben vernichtet, muß verhindert werden. Außerdem würden die USA sofort behaupten, russische Agenten wären die Schuldigen, und hätten damit einen Grund zum ‚Gegenschlag'. Nein – Erfahrung, Vernunft, Vordenken, Nachdenken sind jedem Menschen gegeben. Falls die Völker diese Eigenschaften nicht einsetzen, haben sie den Sinn des Lebens nicht erfüllt und damit unser aller Leben verspielt."

Wir antworteten nicht, es war auch schon spät.

Ich fragte: „Katharina, hast du deine Medizin genommen?"

Sie erinnerte sich nicht und überlegte. „Ist es nun besser, ich schlucke sie doppelt oder keinmal?"

Fred brummte: „Hundertmal habe ich dir schon gesagt, tu früh dreimal Medizin in drei Eierbecher oder drei Kuverts. Alte Leute müssen Systematik in ihren Tag bringen."

„Ich seh mal nach, ob sie irgendwo im Zimmer liegt."

Fred verabschiedete sich und sagte schon im Hinausgehen: „Ist dir bekannt, daß Kat von dreiunddreißig bis fünfundvierzig ununterbrochen im Widerstand mitgearbeitet hat, Flugblätter verfaßt, Sabotage betrieben und mehreren Menschen das Leben gerettet hat? Fragst du sie, wie ihr das gelungen ist, ohne entdeckt zu werden, antwortet sie: ‚Ich hab's systematisch-wissenschaftlich gemacht und auch Glück gehabt.'"

Mich überraschten seine Worte nicht, und doch war es schwer vorstellbar: täglich in Lebensgefahr, wie ein Soldat im Krieg, und das zwölf Jahre lang.

Ich war müde, aber schlafen könnte ich sowieso nicht, zuviel ging mir im Kopf herum. Wie hatte ich an dieser großartigen Kommunistin herummäkeln können. Da redete ich von ihrer Taktlosigkeit, ärgerte mich, weil sie so schnell sprach, daß ich Langsamdenker kaum mitkam, wurde böse, weil sie mich häufig unterbrach und dadurch verwirrte oder zu schnell von Thema zu Thema sprang. Wie kleinlich und dumm kam ich mir vor. Niederknien, ihr die Hände streicheln, das hätte sie verdient.

Ein paar Sekunden später stand sie vor mir.

Hände streicheln war nicht möglich, da sie ihr Strickzeug bei sich trug. In die Knie ging ich zwar, doch nur, um ihrem Wollknäuel hinterherzukriechen, das unter den Schrank gerollt war.

Sie nahm es mit einem Nebenbeidankeschön entgegen. Nun erst bemerkte ich ihren glücklichen Gesichtsausdruck, und da sagte sie auch schon oder besser rief es laut: „Sylvia hat eine Wohnung, stell dir vor, Hauptproblem gelöst.“

Sie setzte sich, offensichtlich zu längerer Auskunft, in einen Sessel. Ob *ich* vielleicht schlafen gehen wollte, fragte sie nicht. Es wäre falsch, zu behaupten, sie sei rücksichtslos. Ihr kam überhaupt nicht in den Sinn, daß ein siebzehn Jahre jüngerer Mann müde sein könnte, besonders wenn *sie* so etwas Schönes zu erzählen hatte.

Der Freudenschrei betraf ihre Enkelin Sylvia. Ich

wußte bereits, daß sie bei Katharina wohnte, deren Tochter, ebenfalls Anthropologin, in zweiter Ehe mit einem Altertumsforscher verheiratet, viel im Ausland arbeitete. Ein guter Mann, ein Schwiegersohn, mit dem sie zufrieden sein konnte, doch Sylvia bockte, als der neue Vater erschien, und machte ein Zusammenleben unmöglich. Das Kind zog, zwölf Jahre alt, nun endgültig zu Katharina, wo sie während der Abwesenheit der Mutter bereits oft gewohnt hatte. Seitdem waren die Familienbeziehungen friedlich.

Katharina hatte mir das einmal angedeutet, als ich von Jeannette, meiner Tochter, sprach, die uns entbehrt, wenn wir im Ausland sind. Katharina erzählte nicht viel über ihr persönliches Leben. Aus ihrer Freude heraus erfuhr ich: Sylvia, die sie schon einmal im Zusammenhang mit Pawel Kortschagin erwähnt hatte, war ein warmherziges junges Ding, aber „starrköpfig und dummfrech, wenn man sie gegen den Strich bürstet“. Die Familie atmete auf, wenn sie in Betragen eine Zwei statt einer Drei nach Hause brachte. Den Schulabgang schaffte sie mit knapp Zwei, mit mehr hatte niemand gerechnet. Das Mädchen zeigte keinerlei intellektuelle Interessen, doch sie besaß Verantwortungsgefühl, handelte selbständig und konnte gut organisieren. „Also im Grunde ein prächtiger Mensch.“

Katharina war der Meinung gewesen, sie eigne sich zum Facharbeiter irgendwo im Maschinenbau. Sie hätte Brigadier und Meister werden können.

Sylvia suchte sich ihre Arbeit selbst. Sie ging in

die Kaderabteilung eines Großbetriebes, legte ihr Zeugnis vor und erhielt als Antwort: „Deutsch eine Eins, da werden Sie sich doch nicht ans Fließband stellen, damit kann man Sekretärin werden."

Katharina riet ihrer Enkelin davon ab, ihre Umgangsformen waren nicht gerade sekretärinnenhaft. Schnell widerspenstig und ruppig, würde sie jeden Chef zur Weißglut bringen. Aber nein, wer hört schon auf die Großmutter. So meldete sich Sylvia als Facharbeiter für Schreibtechnik in einem alten verwinkelten Betrieb, nicht zu weit von der Wohnung entfernt, und begann im September mit der Lehre. Sylvia, ein kesses hübsches Mädel, dem die Jungen hinterherpfiffen, hatte sich jedoch „auf mein Anraten" vorgenommen, mit dem „Eigentlichen" zu warten, bis sie sich echt verliebte. „Ich war stolz auf meinen Einfluß." So kam sie zu aller Erleichterung über die Runden, bis sie siebzehn Jahre alt war.

Dann trat *er* in ihr Leben. Die Mutter war damals in Berlin und entsetzte sich ebenso wie Katharina über den Jüngling. „Aber da redest du wie gegen eine Wand, und mit jedem Abraten und jeder Aufzählung seiner schlechten Eigenschaften wird die Wand unumstößlicher."

Alfred, sieben Jahre älter als Sylvia, trank, hatte Gaststättenverbot wegen Prügelei, arbeitete unregelmäßig und besaß nie Geld. Doch Sylvia war die Missionarin, die ihn retten würde. Er liebte sie, sie liebte ihn. „Ihr werdet sehen, ich gewöhne ihm das Trinken ab."

Nach seinem ersten Besuch bat Katharina ihre Tochter: „Besorg die Pille!“ und legte selbige der Enkelin eigenhändig auf den Frühstücksteller.

„Was du immer denkst.“

Die Pille wanderte in den Mülleimer.

Es kam Weihnachten, Sylvia feierte zusammen mit ihrem Freund. Katharina wußte nicht, daß seine Eltern verreist waren; es hätte ja auch nichts genutzt. In der Weihnachtsnacht geschah es zum erstenmal, und beim erstenmal wurde Sylvia schwanger, mit siebzehn Jahren und nach knapp vier Monaten Lehrzeit. Sich das Kind nehmen lassen? Die Ärztin sagte, vielleicht würde sich dann später ein Wunschkind nicht mehr einstellen. Da wollte Sylvia es behalten. „Das krieg ich groß“, sagte sie. „Wollt ihr mir nicht helfen, hilft mir der Staat. Hab’s mir genau ausgerechnet, wieviel ich verdiene und wieviel Unterstützung ich bekomme.“

Katharina sagte zu mir: „Es war das erstemal in meinem Leben, daß unser Staat gegen mich ausgespielt wurde. Wir wollten das Kind ja auch groß kriegen, aber ohne diesen Freund am Hals zu haben.“

Alfred verbrachte nun halbe oder ganze Nächte in Katharinas Wohnung, Sylvia weinte viel über seine Labilität, aber sobald die Großmutter von Trennung anfing, wurde sie wütend. „Er trinkt ja nur ab und zu, ihr könnt ihn bloß nicht leiden, weil er Arbeiter ist.“ Da hätte Katharina ihr beinahe eine gelangt.

Sylvia durfte laut Gesetz ein Jahr mit der Lehre

aussetzen, aber die Großmutter sagte ihr: „Das tust du nicht. Wovon wollt ihr leben? Auf Alfred ist kein Verlaß. Und wenn du deine Entscheidungen selbständig triffst, trage auch die Verantwortung dafür.“

Sylvia hörte nur „kein Verlaß auf Alfred“ und erwiderte stolz: „Er spart schon für den Kinderwagen.“

Ein Hoch der Betriebsberufsschule. Als der Schwangerschaftsurlaub begann, schlug man Sylvia, die viel Sport trieb, gesund und kräftig war, vor, wenigstens zu den Stenografie- und Schreibmaschinestunden zu erscheinen, damit sie nicht allzuviel versäumte. Das war „ungesetzlich“, aber erfreulich unbürokratisch und goldrichtig.

Katharina erzählte weiter: „Als Sylvias Zeit kam, es war ein Freitag, rief sie Alfred bei seiner augenblicklichen Arbeitsstelle an. Siebzehn Stunden dauerten die Wehen. Der Freund meldete sich nicht. Das Kind wurde geboren, er erschien weder am Sonnabend noch am Sonntag. Fünf Mütter im Saal und vier glückliche Väter, die sie besuchten.

Sylvia weinte. ‚So lange hab ich mich mit Schmerzen gequält, und als es am schlimmsten war, hab ich gedacht, wenn er morgen nicht kommt, ist es zu Ende.‘ Alfred meldete sich drei Tage später – er sei verhindert gewesen.

Sylvia weigerte sich, ihn zu sehen. Wir betrachteten gemeinsam das Baby durchs Fenster. Sie hörte unseren Ausrufen des Entzückens zu. Die anderen

Paare standen Hand in Hand, um das Eigene zu bewundern.

Als ihr ‚Schicksal', nennen wir es mal ruhig so, bekannt wurde, besuchten sie acht Mädchen aus der Betriebsberufsschule, und jede brachte etwas mit: ein Mützchen, ein Jäckchen, ein Kissen, einen Bezug. Aus dem Betrieb kamen sie gleichermaßen.

Natürlich war die Kaderleiterin nicht entzückt über diesen Lehrling, der mit Kind und entsprechenden Berufsversäumnissen startete.

Als Sylvia, die eine reizende junge Mutter war, wieder zu arbeiten begann, begrüßte sie ihr Chef: ‚Sylvia, ich gratuliere dir herzlich. Du hast zwei Examen mit ›gut‹ bestanden, den Facharbeiter und die Geburt des Söhnchens.' Der Junge gedieh, und wenn ich je ein Kind geliebt habe, dann dieses Bürschchen. Ganz zu Ende ist die Geschichte noch nicht; wann ist eine wahre Geschichte je zu Ende?

Ein paar Wochen später kam Sylvia aufgeregt in mein Zimmer: ‚Omi, schimpf nicht, ich habe Alfred wiedergesehen.' Wir hatten sie beschworen, auch wenn sie sich einsam fühle, nicht nachzugeben. Jeden Abend waren wir um sie. Und nun sollte dieses Theater wieder von vorn beginnen? Eins stand fest: in meiner Wohnung nicht! Aber er könnte ein Recht auf das Kind beanspruchen und dennoch kommen. Ich war außer mir und wollte gerade heftigen Protest einlegen, als Sylvia sagte: ‚Er kam aus der Kneipe, nein, kein Zufall, ich wußte, er saß da drin, meine Freundin hatte ihm gesagt, daß ich ihn sprechen will; er hatte nicht für das Kind gezahlt.

Als er rauskam, sah er verlottert und wie ein Schwächling aus, da war ich zum erstenmal richtig wütend, hab ihm vorausgesagt, wie er enden wird, wenn er so weitermacht; zu feige, mich im Krankenhaus zu besuchen, der Schwindel mit dem Noteinsatz im Betrieb, das Trinken, die Haltlosigkeit. Hab über mich selbst gestaunt. Und als ich alles gesagt hatte, da war ich erst richtig frei von ihm.' Sylvia umarmte mich. So wird eine Achtzehnjährige zur Frau, dachte ich und war klug genug, ein ,das haben wir dir ja gleich gesagt' zu verschlucken. Doch das Merkwürdige, wenn ich an Alfred denke – manchmal tut mir der Junge leid.

Derek ist jetzt vier Jahre alt, mir fällt es schwer, mich von ihm zu trennen, aber weißt du, bei aller Liebe, man hat nicht mehr die Nerven für plötzlich zuschlagende Türen, Dauerrockmusik im Nebenzimmer, offengelassenen Kühlschrank, Krümel auf dem Küchentisch, herumliegende Wäsche. Daß du keinen falschen Eindruck bekommst, Sylvia ist fleißig und sauber. Und noch etwas: Sie behauptet, ich verwöhne das Kind. Ja, ich reg mich auf, wenn sie Dereks Apfel für den Kindergarten vergißt, wenn er nicht warm genug angezogen ist, wenn er zu spät ins Bett gebracht wird. Seit einem Jahr hat sie ja nun den neuen Freund, er scheint ordentlich. Ob's von Dauer ist, weiß keiner, aber als Dauermieter bei mir, das ginge zu weit. Also ist die Wohnung ein Glück. Natürlich Altbau, Ofenheizung, anderthalb Zimmer."

Wieviel Reihen hatte sie gestrickt? Zehn Minuten bis zur Nachtruhe. Katharina würde noch zwei Stunden bei verdecktem Licht lesen. Ich versuchte einzuschlafen. Welch eine Fülle so ein einziger Tag enthielt: Katharina kaufte eine Mütze, und ich sollte ihr sagen, ob sie ihr stände, Schneespaziergang zu einer Schloßruine, der deutsche Kriegsgefangene in Nikolka, das Privatleben der Sylvia und Katharinas Freude über die Altbau-Anderthalbzimmerwohnung. Acht Mädchen, die Sylvia Mützchen und Jäckchen brachten, ein Chef, der sagte: „Sylvia, ich gratuliere dir herzlich." Frieden für Sylvia, Derek, die Mädchen und Nikolka.

Am nächsten Tag stellte sich eine mittlere Katastrophe ein. Die Wolle reichte nicht für Kats weitere Strickpläne, und die Sorte, die sie brauchte, gab es nicht im Ort. Also versprach ich, ins nächstgrößere Städtchen mit ihr zu fahren, um es dort zu versuchen, unter der Bedingung, daß ich mich der Einkaufstour fernhalten dürfte, die Katharina sogleich für allerhand Mitbringsel an Verwandte und Bekannte vorsah.

Ein späteres Abendbrot wurde mit der Serviererin Frau Lore, noch immer dieselbe für Tisch Nr. 5, abgesprochen.

Angemerkt sei hier, daß unsere Erfolgserlebnisse in bezug auf die Gewichtstabelle gering waren. Katharina hatte in drei Wochen dreihundert Gramm zugenommen, meine Abnahme betrug zwei Kilo.

Während wir zu meinem in der Nebenstraße abgestellten Auto gingen, erkannte ich einen Mann, dem wir möglichst auszuweichen suchten. Er war Sachse, aber nicht deshalb mied Katharina ihn. Ich weiß nicht, wo er ihr das erstemal begegnet war, vielleicht am Zeitungskiosk, als sie ihm mit zwanzig Pfennig aushalf. Seitdem schien er sie zu verfolgen. Seine banale Aufdringlichkeit war ihr unerträglich. Sah er Katharina, hob er das Spazierstöckchen und sagte, bemüht um einen schelmischen Ausdruck im Allerweltsgesicht, von dem man sich höchstens den Leberfleck unter dem rechten Backenknochen merkte: „Schlechtes Wetter; da hat wohl jemand nicht aufgegessen." Manchmal variierte er sein Thema mit: „Das schlechte Wetter kommt daher, weil die Frauen nicht gehorchen."

Zu meinem Erstaunen begrüßte Katharina ihn diesmal freundlich. Als wir im Auto saßen, fragte ich: „Hat dein Verehrer eine Eroberung gemacht?" und kam mir sogleich ebenso dumm-dämlich vor wie dieser Mann.

„Nein", erwiderte Katharina, „er hat mir die Lehre erteilt, daß wir Klugen oft hochmütige Snobs sind."

Katharina hatte diesen Mann bei schönem Wetter getroffen, einen Rollstuhl schiebend, in dem eine Frau saß, so um die Fünfzig, Freundlichkeit ausstrahlend, mit rosigem Gesicht, gepflegtem Haar und hübsch zu nennen. Stolz hatte er sie als *seine* Frau vorgestellt, die er regelmäßig zur Rheumakur begleitete. Wie aus weiterem Gespräch hervorgegangen war, spielte sich der Lebenskreis dieser Frau seit fünfundzwanzig Jahren zwischen Bett und Rollstuhl ab.

Der Mann war gelernter Steinmetz und hatte jung geheiratet. Die Frau weigerte sich, als die Krankheit plötzlich auftrat, in ein Heim zu gehen. Allein konnte er sie nicht lassen, also entschloß er sich, sie zu pflegen, nahm Heimarbeit in der Spielzeugindustrie an und besorgte für seine Frau Strumpfreparaturen. „Solange sie es noch kann", hatte er kaum hörbar zu Kat gesagt. Und dann mit lauter Stimme: „Langweilen tun wir uns nie. Steinmetz ist ein Kunstberuf, nun haben wir uns Knetmasse gekauft, die ist billig, und bildhauern, was uns Spaß macht."

Die Augen der Frau leuchteten. „Einen ganzen Bauernhof mit Kühen, Ziegen, Katzen, Hühnern, Schafen ..."

„Und vergiß nicht die vier Kinder von der Bäuerin", unterbrach er sie, „die hast du alle selbst geformt."

Die Kranke nickte. „Das Jüngste ist noch ein Säugling, drei Mädchen und ein Junge."

„Manchmal spielen wir Karten oder ‚Mensch, ärgere dich nicht' und manchmal Schach, und lesen tun wir auch", fügte er hinzu.

Um irgend etwas zu sagen, hatte Katharina das schöne volle Haar der Frau bewundert, das wie soeben gebürstet glänzte.

„Hab ich geschnitten und frisiert", sagte der Mann. „Aber jetzt mußt du die Pelzmütze aufsetzen."

Die Frau gehorchte lächelnd.

Kat hatte hinterher von Lore, der Serviererin, die

viele Patienten kannte, gehört: „Den Hortig-Karl mögen wir alle. Er ist besser als jeder Pfleger, trägt seine Frau ins Bett und zieht sie an. Die beiden hat noch niemand mißmutig gesehen."

Im Auto sagte Katharina: „Ich freu mich auf die Stadt."

Nach den Gründen befragt, erklärte sie, es könne ja etwas *Neues* dort geben oder geschehen sein.

Ich beneidete diese Frau mit Welterfahrung – außer in Afrika war sie zu Kongressen in vielen Ländern gewesen – um ihre naive Neugier und dachte: Laß sie fünfmal etwas verlieren und heute vergessen, was gestern geschah – solch ein Mensch bleibt jung.

Während der Fahrt richtete ich eine Frage an sie, die mich beschäftigte: „Katharina, deine Enkelin ist Sekretärin, du wolltest, daß sie Arbeiterin wird – war das ehrlich gemeint?"

„Natürlich. Wieso?"

„Gut, ich will auch ehrlich sein. Mich enttäuscht, daß meine Tochter nicht vorwärtskommt, keinerlei Ehrgeiz zeigt. Wie mühselig hab ich *mir* alles aneignen müssen und wie leicht wird *ihnen* das Lernen heute gemacht. Aber was ist sie geworden? Telefonistin. Stöpseln, stöpseln, stöpseln."

„Und du schämst dich?"

„Nein – ja. Wenn wir nicht soviel im Ausland gewesen wären und uns mehr um sie gekümmert hätten ..."

„Redest du dir da nicht etwas ein? Ich verstehe, wie

schwer die Trennung für euch war, aber geistig geboten wurde ihr bei uns genügend. Wieviel junge Menschen sind ohne die Bemühungen der Eltern etwas geworden. Oder sollte deine Tochter ‚Besseres' werden, weil *du* es bist? Soll man sich etwa nach der Stellung des Vaters richten? Ich habe mich über meine kluge Tochter gefreut, die dritte Generation Professoren in der Familie, aber wenn die Enkelin nicht die Voraussetzungen hat, warum sie zwingen? Vielleicht ist deine Jeannette nicht intelligent genug, oder sie ist ein Spätzünder, dann kommt's noch. Will sie weiter, steht ihr vieles offen. Empfindlich reagiere ich, wenn etwas durch Beziehungen erreicht wird, ohne daß die Intelligenz dazu vorhanden ist. Wir müssen darauf achten, daß solche Tendenz nicht wächst. Ich fühle mich wohl, wenn jemand in hoher Stellung sagt: ‚Mein Sohn ist Zerspaner.' Und ein Arbeiter: ‚Meiner ist Werkdirektor.' Was hast du an deiner Tochter auszusetzen?"

„Kleider, Fernsehen, Disko. Sie hat einen guten Charakter, und ein Kind hat sie auch, in der Art wie deine Enkelin."

Kat brach in ihr nervtötendes Gelächter aus. „Du bist ja ganz rot geworden! Freu dich, oller Großvater, spring an die Decke! Natürlich gibt's hundert Sorgen, aber die gibt's auch in verheirateten Fällen. Ist es ein Junge?"

„Ein Mädchen."

Ich begann, unsere Lütte zu preisen. Vielleicht war es gut, daß wir angekommen waren, ich hätte sonst kein Ende gefunden.

Katharina wollte in einige Geschäfte gehen. Wir verabredeten, uns in knapp zwei Stunden am Marktflecken zu treffen. Ich kaufte einen Seidenschal für Eva sowie fünfzehn gleiche Postkarten mit Fotos der Umgebung und begab mich anschließend ins Forst-Café, das um diese Zeit noch nicht allzu besetzt war, um endlich die Pflichtgrüße – Eva hatte schon zweimal gemahnt – abzusenden. Während der Kugelschreiber das obligate „Herzliche Grüße aus dem schönen ..." notierte, waren meine Gedanken bei dem Gespräch mit Katharina oder genauer bei dem Teil, den ich ihr nicht hatte sagen wollen.

Wie ihre Sylvia hatte auch meine Jeannette seit zwei Jahren einen festen Freund. Er schien uns ordentlich, heiraten wollten sie nicht, „aus praktischen Gründen", wie sie erklärten. Er war mit dem Aufgebot der FDJ als Bauarbeiter von D. nach Berlin gekommen, erhielt dreihundert Mark Trennungsgeld im Monat zusätzlich zum Gehalt, und Jeannette stand sich als alleinstehende Mutter auch finanziell besser so, da der Betrieb ihr bei Ausfall wegen Krankheit der Tochter das volle Gehalt weiterzahlen mußte.

Jeannette kannte alle Gesetze zum Wohle der Werktätigen auswendig, benutzte sie und, was mich krank machte, nutzte sie unredlich aus. Oder war es nicht an dem, wenn der junge Mann polizeilich unangemeldet bei ihr lebte, einmal wöchentlich im Arbeiterwohnheim schlief und ledig blieb, um sein Recht auf Trennungsgeld nicht zu verlieren? Ich sprach mit ihr darüber, sie sah mich mit großen Augen an. „Was bist du altmodisch, das machen andere auch; wir sind doch nicht blöd, auf das Geld zu verzichten."

Ich befahl mir: Sei vernünftig. Beschluß des Politbüros zum Aufbau der Hauptstadt. Wie erhält man die dazu nötigen Kader? Neben ideeller Überzeugung durch materiellen Anreiz. Also wird beides geboten. Für die Bezirke ist es sicher auch nicht leicht, so viele junge Menschen, die sie selbst dringend brauchen, abzugeben. Wird etwas Neues geschaffen, setzt es sich nicht ohne Konflikte durch, besonders in einem Land, das derart ökonomisch mit Fachkräften und Material umgehen muß.

Katharina kam eher als erwartet zurück, lächelte mir wie einem lang entbehrten Freund zu und zeigte mir die Wolle. Wenn es nach ihr gegangen wäre, hätte sie mir sogleich den Strang über beide Arme gehängt, um ihn aufzuwickeln. Statt dessen holte sie eine Tüte Nüsse sowie einen neuerworbenen Nußknacker aus ihrem Beutel und forderte mich auf, die Schalen zu öffnen. Ich weigerte mich, schließlich befanden wir uns in einem nun vollbesetzten Café und nicht in der Savanne.

„Dir fehlt noch ein Stück Menschwerdung", flüsterte ich und löste damit noch Schlimmeres aus – ihr Gelächter!

Was für Kleinigkeiten die Stimmung aufbessern können: Katharinas Begrüßungslächeln und daß ich mit ihr gesprochen hatte, wie es sich sonst nur Fred erlaubte, sie fand das anscheinend ganz natürlich. Unerwartet für mich selbst erzählte ich ihr von meinen Jeannette-Grübeleien.

Sie hörte mich aufmerksam an und sagte: „Hier geht's um große Projekte, um Wohnungen, die Tausende Familien glücklich machen, wenn da unter anderem Erscheinungen auftreten, die du beklagst, sind sie das weitaus kleinere Übel und wohl kaum ganz auszuschalten."

Ich wußte, mein Beispiel war harmlos, doch diesmal betraf es meine Tochter. Ich hatte schon als halbes Kind gelernt, meine Arbeitskraft so teuer wie möglich zu verkaufen und keinen Vorteil, Trick oder Betrug, dabei auszulassen. Das gehörte zu meinem unpolitischen Einzelkampf des Ausgebeuteten, ohne daß ich mir damals darüber klar war. Als ich in die neue Gesellschaftsordnung hineinwuchs, hat sie mir Arbeitsmoral und Verantwortungsgefühl gegeben für alles, was in diesem Land, das mir zur Heimat wurde, geschah. Die Worte „eigener Vorteil" waren schon lange aus meinem Vokabular gestrichen, solches Denken gehörte nicht mehr zu meinem Charakter, und nun die Tochter, die Jeannette ...

„Bist ja ganz in Gedanken versunken." Katharina wischte mir ein Fädchen vom Jackenrevers, oder war es ein Streicheln gewesen? „Nimm's nicht so tragisch. Die jungen Menschen werden in einer Zeit groß, in der die Gesetze ihnen Geborgenheit garantieren, deiner Tochter erscheint das, was du monierst, noch nicht einmal als unmoralisch. Ich geb's zu, mir geht's manchmal ähnlich wie dir. Vor zehn

Minuten habe ich eine andere Art Ärgernis erlebt, ein winziges, und doch hat's mich über Gebühr aufgeregt."

Katharina kaufte Nüsse. Die Tüten waren so voll, daß einer alten Frau, die vor ihr dran war und mit zitternden Händen danach griff, das Papier zerriß und der Inhalt herausrollte, dem jungen Mädchen, das die Ware wog und verpackte, um die schlanken Beine. Die Alte hob die Nüsse mühsam auf und humpelte zur Kasse.

Die Junge rief ihr nach: „Lassen Sie doch nicht die Hälfte liegen; da fallen ja die Kunden drüber."

Die Alte ging demütig zurück. Katharina hält's nicht aus, will den Laden verlassen, überlegt sich's anders und spricht mit dem Verkaufsstellenleiter.

Der sagt: „Wir werden Ihre Kritik zum Anlaß nehmen, das Vorkommnis in der nächsten Versammlung auszuwerten."

Und Katharina, finster: „So redet man sich heraus!"

Der Leiter verliert seine Politur. „Für die Kunden ist es einfach, sich zu beschweren, sie sind ja auch nicht verantwortlich dafür, eine neue Kraft zu finden, wenn das Mädchen übelnimmt und kündigt."

Katharina rührt heftig in dem Kaffee und sagt zu mir: „Warum verhalten sich junge Menschen, die mit der Weltanschauung von Marx und Lenin aufgewachsen sind, der humansten, der großartigsten, die existiert, nicht hilfsbereiter, rücksichtsvoller, moralisch bewußter? Das bedrückt und empört mich. Ich will nicht verallgemeinern, aber ein Einzelfall ist es auch nicht.

Vielleicht scheint es dir dumm, wegen Herzlosigkeit in der Kaufhalle Marx und Lenin zu bemühen. Warum nicht? Sollen sie nur im Schulunterricht und Parteilehrjahr eine Rolle spielen statt im täglichen Leben? Damit tun wir ihnen wenig Ehre an."

Ich erwiderte, sie habe recht. Verwundert habe mich allerdings, wie heiter sie nach diesem Erlebnis in das Café gekommen sei.

„Du hast so traurig ausgesehen, da hab ich mir gedacht: Besser vergnügt sein, als ihn auch noch zu belasten."

„Hast Theater für mich gespielt."

„Kein Theater, nicht nur beim Nüsseaufsammeln braucht der Mensch Hilfe."

„Ach, Kat, wenn alle so wären wie du." Ich hatte zum erstenmal Kat zu ihr gesagt.

„Den Refrain kann ich schon nicht mehr hören: Wenn alle Genossen so wären wie du, dann wär ich schon längst in der Partei! So etwas Unwissenschaftliches, emotional Verkehrtes. Weißt du, wir könnten hier ein Mosaik der hundert Alltagsärgernisse zusammensetzen, wie ein Wandbild so groß. Glaubst du, es würde die Geschehnisse, die Menschen wahrheitsgetreu darstellen? Natürlich nicht, etwas völlig Verzerrtes, Lügenhaftes wäre entstanden, weil alles Wesentliche fehlt. Wer über Mosaikbildsteinchen stolpert wie ein Dreijähriger, ist kein Sozialist, weil er sich als unfähig erweist, Zusammenhänge zu begreifen, Großes von Kleinem zu unterscheiden. Trotzdem bin ich dafür, dieses Mosaik Stück für Stück abzutragen, Schwächen ernst zu nehmen, besonders wenn es sich um mangelnde Ehtik und Moral handelt. Diese Eigenschaften müssen untrennbarer Bestandteil unseres Fortschritts, unserer geistigen, technischen, sozialen Entwicklung werden. Sie sollten in möglichst vielen Menschen, die unser Staat großzieht, verwurzelt sein, sei es die Verkäuferin, deine Jeannette, der Nationalpreisträger, das Mitglied des Politbüros."

Während der Rückfahrt war Kat still, mir zu still. Ich fragte: „Woran denkst du?"

Sie lächelte. „An die vier Plastilinkinder der Frau im Rollstuhl."

Es überraschte mich nicht, als sie auf einem der nächsten Spaziergänge fragte, wie es im Gefangenenlager weiterging. Kat, an Gegenwart und Menschen interessiert, war neugierig, aber nicht aufdringlich. Tatsächlich fiel es schwer, ihre Alterserscheinungen, Gedächtnislücken, Wetterabhängigkeit und Kreislaufschwankungen mit ihrer geistigen Regsamkeit und Daseinslust in Einklang zu bringen. Ich spürte, wie sie selbst unter ihren Behinderungen litt, sie sprach überraschend offen davon. Verständnis hatte sie gern, aber wehe, wenn es Mitleid geworden wäre.

Als der Weg bergauf führte, überfielen sie Wadenkrämpfe. Kat biß sich auf die Lippen und lächelte verzerrt. „Zu blöd, sonst hab ich die nur nachts."

„Und was machst du dagegen?“

„Aus dem Bett springen, ganz fest auf das Bein treten, herumlaufen, bis es nachläßt. Aber wenn sich das zwei-, dreimal in einer Nacht wiederholt, bist du geschafft, besonders wenn du danach nicht wieder einschlafen kannst.“

„Gibt's nicht eine Medizin, die hilft?“

„Hast *du* Krampfadern?“

„Nein.“

„Das ist doch langweilig für dich, gehen wir weiter.“

Der Waldweg überquerte eine freie Fläche, wir hatten schon von weitem Kinderstimmen gehört. Mädchen und Jungen, wahrscheinlich eine erste Klasse, bauten Schneemänner. Balgereien, Schneebälle, Lachen, Kreischen. Pudelmützen und rote Backen. Es machte uns Freude, zuzusehen. Ein Junge hatte mit dem Schuh einen Strich gezogen, hinter dem die Schneemänner in einer Reihe stehen sollten.

Wie lange Kinder herumtoben können, je kleiner, desto ausdauernder. Mir fiel eine Geschichte ein, die ich Kat erzählte. Sie handelte von einem Professor, der das Verhalten neun Monate alter Säuglinge studierte und mit seinem jüngsten Sohn, der diesem Alter entsprach, experimentierte. Er ging ins Kinderställchen und führte die gleichen Bewegungen wie der Sohn aus: sitzen, stehen, am Gitter entlanglaufen, sitzen, knien, das Spielzeug hinauswerfen, Versuche, es zurückzuholen. Nach vierzig Minuten gab der Professor auf und legte sich erschöpft neben dem Ställchen nieder. Das Kind spielte noch einmal so lange und schien auch dann nicht müde zu sein.

Kat amüsierte sich, ihre Schmerzen schienen vorbei. Nach einer Weile kam die erwartete Frage nach meiner „Weiterentwicklung“. Kat lachte und sagte: „Ich rede schon wie so ’ne Kadermieze.“

Wir arbeiteten am Aufbau des zerstörten Theaters der Kleinstadt. Architekten und Ingenieure unter den Gefangenen hatten nach alten Bildern die technischen Zeichnungen wiederhergestellt. In Nikolka war ich Fachmann für alles geworden, hatte Mauern hochgezogen, Balken befestigt, Tische und Stühle gezimmert, Dächer ausgebessert und beim Ofensetzen geholfen. Nun lernte ich noch klempnern. Beim Bau des Theaters arbeiteten wir in Schichten und waren stolz darauf, mit welchem Fleiß wir dort, wo Ruinen standen, neue Werte schufen, mal abgesehen davon, wer die Ruinen geschaffen hatte. Abends mauerten wir privat den Bürgern die Öfen in den zerbombten Häusern. Wir erhielten Tabak oder Geld. Später konnten wir Gebäck, Marmelade, Brot und Tabak in der Lagerkantine dazukaufen. Am Theaterbau arbeiteten wir sozusagen als Dienstleistungsbetrieb, das heißt, die Lagerleitung lieh uns der Stadtverwaltung aus, für uns wurde bezahlt, und wir erhielten korrekt nach Leistung unseren Lohn. Damit gab es nie Schwierigkeiten. Ich sprach viel besser russisch als die meisten meiner Mitgefangenen und mußte öfter dolmetschen. Dadurch fiel ich dem sowjetischen Politoffizier auf. Er sprach mich an, ich erzählte ihm von Nikolka.

„Es ist, als ob du von meinem Dorf sprichst, tausend Kilometer entfernt von hier, aber jetzt existiert es nicht mehr."

Das zweitemal fiel ich ihm unliebsam auf, weil ich mich mit einem Deutschen geprügelt hatte, der über die „dreckigen Russen" hergezogen war. Und wenn ich zuhaue ...! Bestraft wurde *ich* und nicht der andere. Das kam mir genauso falsch vor wie damals, als ich die „Amadeus" vor Havarie gerettet hatte.

Doch nun ließ mich dieser Politoffizier nicht mehr aus den Augen. Es wurde eine beachtliche Erziehungsarbeit unter den Deutschen geleistet, am Tage und auch nach Feierabend auf der Lagerschule. Für meine Person fand ich deren Besuch überflüssig. Vom Krieg und vom Faschismus hatte ich hundert Prozent genug. Antifaschist war ich schon lange, meine Schule war das Dorf gewesen. Und wenn ich den Deutschen von unserem Kolchos erzählte, war das bessere Propaganda als die der sowjetischen Offiziere, denen manches nicht geglaubt wurde. Ansonsten hielt ich mich nach wie vor abseits. Aber Oleg, so hieß der Politoffizier, mit dem ich mich später sehr gut stand, gab nicht nach. Er unterhielt sich mit mir über die Ursache des Krieges und wie es in Deutschland weitergehen würde. Allein mit Dorferfahrung könnte man nach der Rückkehr keine Änderung schaffen. Durch ihn entdeckte ich einen neuen Raum im Lager: eine gutgeheizte Bibliothek mit bequemen Stühlen. Dort gab es Streit, die einen wollten in Ruhe lesen, die anderen sich über das Gelesene unterhalten. Ich merkte mit Erstaunen, manche dieser Deutschen wußten viel mehr als ich. Warum sollten sie nicht ebenfalls erkannt haben, daß Hitler sie mißbraucht hatte? Und sie hatten inzwischen beim Lesen weiter dazugelernt. Bald waren wir durchs Diskutieren so etwas wie ein Klub geworden.

Fürs Ofensetzen blieb keine Zeit mehr. Ich hatte manches nachzuholen und besuchte nun die Abendschule. Lernen, das sagt sich so einfach dahin. Seit der achten Klasse hatte ich kaum mehr nach Büchern gelernt. Meine Willenskraft gehörte dem Überleben und dem Arbeiten. Schwer war es, diesen Willen umzuspulen. Auf eine Stunde Lernen kam eine Stunde Verzweiflung. Nie würde es mir gelingen, mich auf Gedrucktes zu konzentrieren, ein Buch zu begreifen, den Inhalt zu behalten. Das waren vielleicht Wochen! Nur gut, daß ich in Nikolka, wenn auch unregelmäßig, die „Prawda" gelesen hatte.

Übrigens versuchte niemand, uns den Kommunismus einzubleuen. Die Ursachen des Krieges und des Faschismus sollten wir erkennen, daran lag den Politoffizieren und Lehrern. Aber dazu mußte man etwas von Geschichte verstehen, von den Machtkämpfen der kapitalistischen Länder untereinander, von Krupp und Konsorten, vom Imperialismus.

„Es ist nicht unser Ziel, Kommunisten aus euch zu machen. Antifaschisten, Kriegsgegner und Vertreter der Arbeiterinteressen sollt ihr in eurer Heimat werden“, sagte Oleg. Besonders er besaß die Fähigkeit und Intensität, andere zu überzeugen. Er sprach einfach mit uns ohne jegliche Phrasen. Wieviel an Klugheit, Wissen, Menschenkenntnis und eigenem Überzeugtsein dazu gehört, habe ich erst später begriffen, als ich manch Zahnlosem, der zur Phrasenprothese greifen mußte, zuzuhören hatte. Meine Minderwertigkeitsgefühle waren nach ein paar Monaten überwunden. Die Tatsache, daß ich imstande war zu lernen, beglückte mich. Ich, der ungeschlachte, beschränkte Junge, begriff die Wissenschaft, erkannte, daß Nachdenken über Fakten viel besser gelang, wenn es auf logischem Hintergrund geschah.

Während unsere Gedanken klarer, sachlicher, selbständiger wurden und ich in ein neues Kollektiv hineinwuchs, änderte sich manches im Lager. Wir Antifaschisten übernahmen mehr und mehr die Verantwortung. Schreibstube, Küche, Kantine, Krankenrevier wurden uns überlassen. Es folgte die Leitung des Baues, soweit sie dem Lager unterstand, Lohnzahlung, Normenbestimmung, Beschwerden regeln, und schließlich wurde auch ein Deutscher Lagerleiter. Die sowjetischen Offiziere zogen sich zurück und berieten uns nur, wenn wir nicht weiterkamen. Wir hatten eine eigene Jugendgruppe gebildet, der ich angehörte. Antifaschist sein brachte übrigens keinerlei Vorteile. Wer nicht hauptamtlich im Lager beschäftigt war, arbeitete seine volle Zeit auf dem Bau. Wir besaßen nur etwas mehr Freiheit, konnten uns mit einem Propusk außerhalb des Lagers aufhalten.

Mein Lernen zahlte sich aus. Wie stolz war ich, als ich für acht Wochen auf einen Spezialkursus geschickt wurde. Diesmal war es „Marxismus-Leninismus". Als ich zurückkehrte, wurde ich ehrenamtlicher Leiter unserer Jugendgruppe und danach Lagerpropagandist.

Daß ich bis 1949 in der Sowjetunion blieb, lag an mir selbst oder besser daran, weil man mich für wert hielt, meine Fähigkeiten im Lager einzusetzen. Vielleicht klingt das zu großspurig. Ich war in keiner Weise etwas Besonderes, nur für mich persönlich hatten der Lernanfang und die Funktion große Bedeutung. Später, bei Auflösung des Lagers im April 1949, wurde ich als einfacher Gefangener entlassen. Ich wäre einem Auftrag, im Lande zu bleiben, gefolgt, aber niemand fragte mich. Wie alle anderen fuhr ich im russischen Militärmantel, eine Tschapka auf dem Kopf, in Schaftstiefeln, die Walenkis unterm Arm, mit dem Holzkoffer in der Hand nach Deutschland zurück.

In Frankfurt an der Oder wurden wir in einem sowjetischen Lager überprüft und danach von den Deutschen übernommen. Heute, im Zurückdenken, kommt es mir seltsam vor, wie es weiterging. Wir durften wählen, ob Westen oder Ostzone. Ein paar kurze Fragen, wo lebt die Familie, wo wollen Sie hin, und für jeden fünfzig Mark. Ich hatte mich im

Lager mit einem jungen Genossen aus dem Ruhrgebiet angefreundet, er wollte mich mitnehmen. „Wenn du hier niemanden kennst, meine Schwester hat Mann und Sohn verloren, da ist Platz, sie wird uns beide aufnehmen, Arbeit gibt's auch. Kommunisten sind hier und im Westen wichtig."

Ich schwankte. Ein Freund, eine Bleibe, Berufsaussichten, aber wie frei war ich? In einer Kleinstadt in der Nähe von Leipzig wohnte eine Verwandte meiner Mutter. Die Würfel fielen für diese Kleinstadt in der DDR.

Die Lagerkameraden trafen sich zum letzten Kampf- und Abschiedsmeeting. Ein Toast auf die Zukunft, Kartoffelsalat und ein Glas Bier für jeden.

Wir begleiteten jene, die gen Westen fuhren, zur Bahn, hoben die Hand zur Faust oder winkten. Mein Zug ging um zwölf Uhr mittags. „Russe", flüsterten sich die Leute zu, als sie mich in meinem Aufzug sahen. Die Verwandte war nicht aufzufinden. Ich hätte es mir denken können.

Wohin? Zum Arbeitsamt. Ein Blick auf mich und ein Satz: „Ab morgen arbeiten Sie."

„Wann ich anfange, ist meine Entscheidung."

„Ohne Arbeit bekommen Sie keine Lebensmittelkarte."

Das wurde mir zu bunt. Ich ging zur sowjetischen Kommandantur, erklärte meine Situation und meine Tätigkeit im Lager, wurde herzlich begrüßt, erhielt Geld und für drei Wochen Lebensmittelkarten. Dann mußte ich von der Sowjetunion erzählen, die der junge Offizier lange nicht gesehen hatte. Er seufzte. „Schwer ist das Heimweh. Willst du ein Klavier?“ Er deutete auf das wohl „von früher“ zurückgebliebene Instrument. Ein Klavier war ungefähr das letzte, was ich brauchen konnte.

Er riet mir, nach Berlin zu gehen und im Notfall sowjetische Stellen anzusprechen. Das lag mir nicht. Berlin war kein Nest wie dieses, wo ein Rückkehrer noch interessierte. Dazu gab es schon zu viele Menschen, die sich seit Kriegsende in die Sielen gespannt hatten. Das war mir in meinen Gesprächen im Zug und anderswo klargeworden. Um Arbeit hatte ich keine Sorge, die gab es überall mehr als genug.

Wie es weiterging, ist so üblich, daß Telegrammstil genügt: Geld verdienen, mir etwas anschaffen, Bezugsschein für Schuhe, Schlosser, Klempner, die Schweißerprüfung, Arbeit im Betrieb. Die erste Prämie, im Oktober Aktivist, im November Genosse. „Willst du studieren?“ Heute zwei Diplome – Ingenieur und Außenhändler.

„Ja, üblich und selbstverständlich“, sagte Katharina, „so üblich, so selbstverständlich, daß es keine DDR-Katze mehr hinter dem Ofen hervorlockt. Und eigentlich ganz unerhört, ich meine, daß du kein Sonderfall bist. Schau auf Genossen deines Alters, wie viele haben wie du oder so ähnlich begonnen. Weißt du, wir haben manche Fehler gemacht, aber das mit der Jugend 1945 war goldrichtig. Ich würde sagen, die ersten zehn Jahre haben *wir* die Hauptlast getragen; ihr habt mitgezogen, und dann wart ihr soweit, einen großen Teil selbst zu übernehmen. Daß ihr's konntet und könnt, ist DDR-Verdienst."

„Du vergißt, ich werde in drei Jahren im Rentenalter sein, und mein Stolz ist, daß wir genügend Vierzig- bis Fünfzigjährige ausgebildet haben, die es noch besser machen werden als wir. Im Außenhandel komme ich noch mit, aber mit einem heutigen qualifizierten Ingenieur kann ich mich nicht mehr messen."

Wir waren bereits auf dem Rückweg, hörten wieder die Kinderstimmen und konnten nun die fast vollendeten Werke bewundern. Mohrrübennasen hatten die Erbauer wohl von zu Hause mitgebracht. Einige Schneemänner trugen lustige Kopfbekleidung, Kat stieß mich an. „Siehst du das Mädchen dort?"

Ein wenig von den anderen sieben Kindern entfernt und auch nicht in einer Reihe mit den übrigen Schneemännern hatte dieses Kind seinen eigenen gebaut. Völlig in die Arbeit vertieft, des Lärmens der anderen nicht achtend, vollendete die Kleine des Schneemanns Gesicht. Dazu hatte sie die Handschuhe ausgezogen und formte, die kleinen Hände zum Wärmen anblasend, Nase und Ohren aus Schnee, die sie mit Lippenstift rot tönte. Aus dünnen Reisigzweigen hatte sie buschige Augenbrauen geschaffen. Unter des Schneemanns Rock, der mit Tannenzapfen verziert war, wurden Schuhe sichtbar. Es war ein eigenartiger, einmaliger Schneemann.

Das Mädchen, das ihn gebaut hatte, schien kleiner und zarter als die anderen Kinder. Kat, die sich von deren Anblick nicht lösen konnte, sagte nach längerem Schweigen: „Was wird aus ihr werden? Ein Kind, bei dem im Zeugnis steht: ‚Fügt sich nicht ins Kollektiv', oder ein eigenwilliges Talent, das man – hoffentlich! – behutsam beachtet. Welche Planstelle haben Genies bei uns?"

„Das verliert sich alles, die wird mal eine brave Buchhalterin", unterbrach ich Kats Phantasien.

„Alter Muffel."

Sie war ungehalten.

Wir waren mindestens einen halben Kilometer weitergegangen, bevor sie bemerkte, daß ihr mein Eigenbaustock irgendwo abhanden gekommen war.

Ich schlug vor, endlich einen neuen zu kaufen.

„Nein."

Sie beharrte darauf, ihn zu suchen. Ich begleitete sie nicht.

Warum mich diesem Eigensinn fügen?

Kaum war ich im Sanatorium angekommen, ärgerte ich mich, daß ich Katharina allein, sozusagen unbeschützt, gelassen hatte.

Endlich erschien sie, wieder einmal zu spät. Aber am Tisch Nr. 5 spielte das keine Rolle. Die Serviererin ließ Frau Katharina alles durchgehen.

Triumphierend teilte Kat mir mit, daß sie den Stock gefunden hatte.

„Nagle ihn dir an die Wand, damit du das kostbare Stück nicht wieder verlierst", brummte ich.

„Interessiert dich gar nicht, wo er abgeblieben war?"

„Nein.“

Sie kicherte.

Das reizte mich noch mehr.

„Bei den Schneemännern. Das kleine Mädchen hatte ihn anscheinend entdeckt, ihrer Skulptur noch schnell einen Arm hinzugefügt und ihm meinen Knüppel gegeben. Es sah köstlich aus.“

„Also wird dein Genie wahrscheinlich eine Diebin.“

„Muffel“, wiederholte sie, „phantasieloser Muffel.“

Fred und Karl saßen bereits im Klubraum. Selbstverständlich setzte sie sich zu ihnen.

Waren wir zu zweit, ging alles, bis auf ein paar Klippen, gut, sobald die beiden dazukamen, wurde Kat, wie schon öfter, taktlos. An diesem Abend erzählte sie ihnen prompt, worüber wir gesprochen hatten. Zugegeben, nicht um irgendeiner Neuigkeit willen, sondern um ihre Gedanken über unser beider Generation daranzuknüpfen. Fred sah mich – ich glaube, zum erstenmal – aufmerksam an, er fragte nach meinem Anfang in Deutschland, ob ich mich damals schnell eingelebt habe.

Ich zögerte mit der Antwort. Die ersten Wochen und auch Monate waren schwer gewesen. Oft stieß ich als ehemaliger Gefangener, der Gutes aus Rußland berichtete, auf Zurückhaltung oder bekam die Antwort: „Du willst wohl hier Karriere machen.“ Vielleicht war es Zufall, daß ich solche Typen traf, aber es enttäuschte mich, ich dachte, im Lager ist die Atmosphäre sauberer gewesen, wärst du man drüben geblieben. Sollte jemand auf falsche Gedanken kommen, „drüben" war für mich die Sowjetunion.

Jedenfalls hatte ich es mir hier vier Jahre nach Kriegsende besser vorgestellt. Wieviel schon geschafft worden war, konnte ich damals nicht ermessen.

„Was ist noch viel zu sagen. Kat habe ich schon einiges angedeutet. Ich fühlte mich als Fremder, der nichts besaß, und das in eigenem Land. Es ging im Grunde wieder einmal um Essen, Trinken, Kleidung und ein Dach überm Kopf. Ich wurde vorsichtig, schwieg und suchte Arbeit. Mir etwas schenken zu lassen, in Leipzig zur Kommandantur zu gehen oder in meinem Zustand einer Organisation beizutreten, das verbot mir mein Arbeiterstolz."

„Spießerstolz", sagte Kat, die Hexe.

Ich gab mir Mühe, es zu überhören.

Zunächst verdiente ich mein Geld in Privatquetschen und schuf mir, wie man so sagt, eine materielle Basis. Politisch interessiert war ich, aber im Alleingang, las Zeitungen, hörte regelmäßig Radio, und erst als ich so etwas wie einen vernünftigen Anzug besaß und auf Bezugsschein Schuhe, ging ich nach Berlin in einen volkseigenen Betrieb. In Leipzig hatte ich meine Schweißerprüfung abgelegt. Ich fing bei BB an, erhielt Boden unter den Füßen, begann mich wohl zu fühlen. Bald wurden sie auf mich aufmerksam, weil ich fleißig und gründlich war und mir in Notsituationen, deren es genügend gab, etwas einfallen ließ. Leistest du gute Arbeit, ist's nicht mehr weit zum Politischen. Da staunten die Genossen, wie wenig Mühe sie in dieser Hinsicht mit mir hatten. Doch zuvor ging es noch einmal beinahe daneben. Die Tatsache, daß ich bereit war, in die Partei einzutreten, wurde, vielleicht zur Ermunterung für andere, auf einer Gewerkschaftsversammlung erwähnt. Da erhob sich unser alter schmächtiger Pförtner und sagte, nein schrie: „Wenn ihr *den* aufnehmt, lege ich noch heute mein Mitgliedsbuch auf den Tisch. Solche wie er haben meine Familie im Konzentrationslager umgebracht." Ein paar klatschten Beifall, ansonsten herrschte Schweigen. Schließlich faßte sich der Parteisekretär und versuchte, leider nicht sehr geschickt, die Vorwürfe zurückzuweisen. Ich hätte es besser gekonnt, war schließlich Lagerpropagandist gewesen, aber eher hätte ich mir die Zunge abgebissen, als für mich selbst ein Wort einzulegen. Ich war drauf und dran, meinen Antrag zurückzuziehen.

„Arbeiterstolz", sagte Kat.

Ich verstummte, sah sie böse an und wollte gehen.

„Na ja, es kam doch darauf an, politisch etwas zu klären. Du merkst, der Parteisekretär ist dem nicht gewachsen, aber empfindlich wie eine Mimose schweigst du, weil es dich betrifft."

„Ich war ja noch nicht einmal Kandidat der Partei. Später wäre mir das nicht mehr passiert. Seit fünfunddreißig Jahren schlag ich mich für den Sozialismus, hab nie gekniffen, und du! ... Natürlich warst du schon mit siebzehn dabei, und ich hab mit siebzehn Menschen ertränkt."

„Kat, entschuldige dich bei ihm", sagte Fred.

Sie errötete, ich hatte gar nicht gewußt, daß alte Leute noch erröten können.

„Ich wollte dich nicht kränken, Horst."

„Eine schwierige Zeit, als die letzte Welle russischer Kriegsgefangener zurückkehrte", sagte Fred. „Dein Pförtner war kein Einzelfall; es waren auch nicht alle so jung wie du. Ich weiß von Genossen aus den KZs, die konnten sich nicht überwinden, den Gefangenen aus der Sowjetunion die Hand zu geben. Ähnlich reagierten Genossen aus der Emigration, besonders rassisch Verfolgte, deren Familien systematisch von den Nazis ausgerottet worden waren, sie sahen in jedem früheren Nazi den Mörder von Vater, Mutter, Bruder, Schwester. Sie kehrten mit einem Trauma nach Deutschland zurück, es waren geschulte Genossen darunter. Sie arbeiteten gut und diskutierten als Marxisten, aber emotionell und psychisch litten sie."

„Jeder, der in der Zeit des Faschismus in Deutschland gelebt hat, kann Beispiele dafür bringen, mit denen er nicht fertig geworden ist", sagte Kat. „Meine Jubelgefühle, als die Rote Armee in Berlin einmarschierte, brauche ich euch nicht zu schildern. Heute habe ich einen Sohn, der ist schon zwanzig Jahre in unserer Armee."

Einen Sohn hatte sie auch. Es war das erstemal, daß ich davon hörte. Wahrscheinlich war der nicht in der Armee, sondern steckte woanders.

„Oberst“, warf Fred ein.

„Trotzdem muß ich gestehen, wenn ich am Mahnmal Unter den Linden vorbeikomme und es ist Wachablösung im Stechschritt, läuft es mir kalt den Rücken herunter. Zu dumm, aber ändern läßt es sich nicht. Ich kann sogar anderen überzeugend erklären, warum wir an diese Art des Marschierens angeknüpft haben, aber kommt der Wachaufzug, gehe ich in die Nebenstraße. Diese innere Abneigung läßt sich in meiner Generation nicht mehr ausmerzen. Darüber spreche ich sonst nie.

Mit den Wehrmachtsrückkehrern aus der SU bin ich übrigens gut zurechtgekommen. Ich habe an die Kraft, die Logik, die Vernunft des wissenschaftlichen Sozialismus geglaubt. Warum sollten sie nicht Verhetzte überzeugen? Schwieriger war es vielleicht für sie selber, mit ihrem Schuldgefühl fertig zu werden. Ein damals junger Wissenschaftler, Genosse, sehr intelligent mit großer Zukunft, war auf einer Delegationsreise mit uns in der Sowjetunion, sieben Jahre nach 1945. Am zweiten Tag holten sie mich in sein Hotelzimmer. Er war zusammengebrochen, weinte entsetzlich. ‚Hier bin ich zum Mörder geworden.‘“

„Deine Klugheit und Wärme haben ihm und manch anderem zur Gesundung verholfen.“

„Hör auf, Fred“, sagte Kat.

Karl saß, wie meist, still dabei, die Augen unter den schweren Lidern halb verborgen.

Fred stieß ihn an und sagte: „Die Genossen aus den Konzentrationslagern hatten auch ihre Schwierigkeiten. Nicht in jedes KZ drangen Nachrichten von draußen. Was hielt die Genossen aufrecht, wovon träumten sie?"

Karl hob den Kopf und blickte zur Decke des Raumes, ich glaube, ich hörte ihn zum erstenmal zusammenhängend sprechen: „Falls du mich meinst, ich träumte von einem Sowjetdeutschland, wie es mir als Siebzehnjähriger in der Zeit der Weimarer Republik vorgeschwebt hatte. Die Sowjetunion war am Siegen, ich sah bereits die rote Fahne mit Sichel und Hammer über Deutschland wehen und hielt es für das beste, wir würden eine der vielen Sowjetrepubliken werden, weil nur so der Faschismus endgültig vernichtet werden könnte.

Nach der Befreiung hörte ich von einer antifaschistischen demokratischen Ordnung, von demokratischer Verwaltung und der Möglichkeit verschiedener Parteien. Damals war ich wütend und hab gedacht: Wir aus den KZs waren nicht wie die Emigranten. Wir sind im Land geblieben und haben illegal gekämpft. Tausende wurden getötet, und jetzt kommen die Genossen aus der SU und, schlimmer, aus England und Frankreich zurück und wollen uns belehren. Mit Groll im Bauch wanderte ich nach Berlin und noch auf der Landstraße in die Arme eines Offiziers der Sowjetischen Militäradministration: Wer bist du, was kannst du? Werkzeugmacher, Kommunist? Sehr gut. Wir haben hier einen Betrieb und bitten dich, leite ihn. So wie mit mir haben sie es mit vielen Genossen gemacht. Wer gesundheitlich imstande war, wurde sofort eingesetzt, im Dorf, in der Stadt. Du wirst Bürgermeister, du Lehrer, du Polizist, du Verteiler von Lebensmitteln. Betriebsleiter ist ein großes Wort für eine Halle mit zwölf Maschinen, von denen zwei noch heil waren. Ich wurde auf die Waage gestellt. Kann man mit achtzig Pfund arbeiten? Der erste Befehl, den ich entgegennahm, lautete: ‚Nimm zehn Pfund zu.' Ich bekam entsprechend Nahrungsmittel und erfüllte den Befehl, heute würde man sagen, ‚mit fünfhundert Gramm Planvorsprung'."

Ich sah Karl zum erstenmal lächeln.

„Als ich nach vierzehn Tagen in die Halle kam, hatten die Arbeiter auch ohne mich, und ohne Genossen zu sein, eine dritte Maschine repariert, und ich hatte inzwischen begriffen, daß alles, Transport, Elektrizität, Brot, Medizin, Dächer decken, Felder bestellen, nur in Gang kommen konnte, wenn möglichst viele Menschen mitarbeiteten. Darauf waren unsere Genossen in der Sowjetunion politisch vorbereitet worden, und ich habe es in der Praxis nachgelernt."

Er stand auf. „Na, gute Nacht, ihr Leute."

Fred sah ihm hinterher. „Er ist für damalige Begriffe ein tüchtiger Betriebsleiter gewesen. Nach zehn Jahren ersetzten ihn qualifiziertere Kräfte. Ich kannte ihn gut in dieser Zeit, er war viel weniger verbittert als heute. Ich glaube, bei manchem bricht im Alter wieder das Schwerste aus der Vergangenheit auf."

Nachdem wir lange geschwiegen hatten, fragte ich Fred: „Und wie ist es bei dir verlaufen?"

„So grundlegende Umwälzungen wie 1945 bringen vieles mit sich. 1933 hab ich auf Anordnung der Partei Deutschland verlassen, wie glücklich fühlte ich mich dreizehn Jahre später nach der Heimkehr. Das dazwischen kennt ihr so ungefähr. In Spanien gewesen, bis die Internationalen Brigaden den Kampf beenden mußten, über die Grenze Frankreich erreicht. Als Kommunist und Deutscher im Lager interniert worden, geflohen, in der französischen Résistance gekämpft. Mit mir geflohen und Partisan geworden ist unser Marxismus-Lehrer, der Hermann. Die Nazis haben ihn umgebracht.

Nach der Rückkehr hab ich in Dresden gelebt oder besser in dem, was von Dresden übriggeblieben war. Neunundvierzig bin ich Staatsfunktionär geworden. Wo immer ich gearbeitet habe, bin ich in die Bibliotheken gegangen, um nach dem Engels-Zitat von Hermann über die Börsianer zu suchen, wollt ihn irgendwie ehren, bis ich's entdeckt hab. Es stand in einem Brief an Eduard Bernstein, den Engels am 1. März 1883 geschrieben hatte. Hundert Jahre vor unserer Kur; stellt euch das vor! Wenn ihr wollt, schicke ich euch das genaue Zitat, hab's natürlich abgeschrieben.

Ja, und dann begannen in der DDR die nicht durchdachten Einschränkungen für Emigranten aus kapitalistischen Ländern. Wer aus dem Westen zurückgekehrt war, wurde als verdächtig angesehen. Dabei sind wir Genossen doch auf Entscheidung der Partei ins Exil gegangen, haben – wo immer wir im Ausland waren – als Kommunisten gehandelt.

Nun besaßen wir endlich, wofür wir gekämpft, wonach wir uns gesehnt hatten, und wurden nur halb akzeptiert. Da konnte man schon bitter werden, wenn es einem früheren Nazimitläufer, der aus sowjetischer Gefangenschaft zurückkam, leichter gemacht wurde als einem Exilgenossen. Später hat die Partei das Unrecht wieder ausgeglichen."

„Und wie hast du es persönlich verkraftet, frage ich dich als Mitläufer und Rückkehrer."

„Natürlich hat es mich geschockt, ich mußte die Arbeit wechseln, und glaub mir, ich hatte meine Sache gut gemacht. Aber Rang und Gehalt waren für uns nicht ausschlaggebend, und in der neuen Arbeit gab es ebensoviel zu tun, du weißt ja, wie es damals bei uns aussah. Ich kniete mich hinein, zum Grübeln blieb kaum Zeit."

„In der neuen Arbeit warst du auch gut?" fragte ich.

„Ja."

Mich rührte diese einfache selbstbewußte Antwort, was gab es doch für prächtige Menschen bei uns.

„Wie kompliziert, interessant und widersprüchlich, wie voller Weisheit und nicht ohne Fehler diese Zeit war", sagte Kat. „Beim Festhalten unserer Geschichte wird zu sehr das Bügeleisen benutzt, keine Falte darf bleiben – schade."

Sie hat recht, dachte ich, kompliziert, interessant, widersprüchlich.

Und heute? Materiell geht es uns unvergleichlich besser, technisch haben wir uns großartig entwikkelt, aber haben wir es weniger kompliziert als nach 1945? Fragt mal die Genossen im Politbüro oder unsere Minister oder, entschuldigt, auch mich. Müssen wir heute nicht erschwert durch die Lage in der Welt ebensooft Unmögliches möglich machen? Wie kann einer weniger tun, sich nicht anstrengen, der diese Kriegsgefahr realistisch einschätzt? Die gefährlichen kleinen Kriege haben ja schon begonnen, verdeckt oder offen. Und immer im Hintergrund die USA mit ihrem gefährlichsten Geheimangreifer, der CIA, und immer gegen unabhängig gewordene fortschrittliche Länder. Ein Teil meiner Gesundheit liegt in Angola, Moçambique und Äthiopien. Soll das umsonst gewesen sein? Sollen wir Nikaragua im Stich lassen? Die Solidarität mit Äthiopien aufgeben? An wen sollen sich die befreiten Länder wenden, wenn nicht an uns? Mehr als die Arbeit belastet das Unvermögen, großzügiger Hilfe zu leisten.

Kehre ich dann aus solch hungernden, von Konterrevolution und Waffen bedrohten Ländern nach Hause zurück, erschrecke ich, wie kleinkariert die Sorgen vieler unserer Bürger sind. Manchmal kommt es mir so vor, als ob sich's bei vielen nur noch um persönlichen Besitz dreht, ums eigene Fortkommen, gleich, wie es in der sonstigen Welt aussieht, ob Hunger grassiert oder Kriegsgefahr. Weiß man bei uns, was sich in den USA und in der BRD tut? Ich denke, hier weiß es jeder. Sollen wir dem gelassen zusehen, geht den einzelnen das nur am Rande etwas an? Sagt ihm nicht die eigene Logik, Europa würde in einem Weltkrieg zuerst vernichtet werden. Unsere Bürger lesen und hören es hundertmal, gedruckt und in den Reden. Wie sinkt es ein? Wird es persönlich verarbeitet? Mit welchen Schlußfolgerungen? Wäre es nicht an der Zeit, sich klarzumachen, daß es mit dem wachsenden Wohlstand nicht ewig so weitergehen kann, daß wir bei dem, was wir zu produzieren haben, um unser Land zu schützen, irgendwann in anderen Dingen zurückstecken müssen? Das Sein verändert das Bewußtsein, haben wir mal gelernt. Verschüttet unser Wohlstand-Sein vielleicht ein Bewußtsein, wie wir es bei der heutigen Weltlage nötig hätten?

Optimismus ist gut, aber bringen wir nicht alles ein bißchen zu rosig? Es handelt sich nicht mehr um die Generation, die sich an den letzten Krieg erinnert und gesagt hat: „Lieber ein Leben lang trokken Brot essen und dafür in Frieden leben."

„Horst scheint zu schlafen", sagte Katja.

Ich schrecke auf. Dreiundzwanzig Tage Kur sind vorüber, meine Nerven haben sich nicht sehr erholt. „Du bist über sechzig, arbeite nicht mehr so maßlos", bittet mich meine Frau mindestens dreimal im Monat. Doch das ist ebensowenig möglich wie in der Zeit um fünfundvierzig, von der wir gerade gesprochen haben.

„Kat", sagte Fred, „ich will nicht indiskret sein, aber hat dein Urenkel verschieden lange Arme?"

Sie besah sich das Gestrickte und – lang anhaltendes Gelächter!

„Derek ist normal, nur seine Urgroßmutter nicht."

Katharina hielt die Jacke zur allgemeinen Besichtigung hoch. „Mindestens zehn Zentimeter zu lang geworden dieser Ärmel.“

Warum ich ein Tief hatte, weiß ich nicht, meist stellt sich dies um Mitte der Kurzeit ein, wir aber gingen dem Ende entgegen. In den ersten Tagen schläft sich der arbeitserschöpfte Mensch gründlich aus. Sodann beginnt eine Art Ferienenergie mit Unternehmungsgeist und großen Spaziergängen, zumindest war es bei mir so, bis die Wirkung der Bäderbehandlung einsetzt: Der Patient fühlt sich schlapp und pendelt sich erst allmählich wieder ein. Um die Halbzeit beginnt eine Krise. Er hat die Kur satt, immer dieselben Menschen, das gleiche Essen, die strikt eingeteilte Zeit, fast wie bei Sträflingen, am liebsten möchte er abreisen. Auch das geht vorüber, und der Patient kurt dankbar weiter. So war es bei allen, auch bei Kat, die sich in dieser Phase absonderte oder auf schnoddrig-burschikose Weise damit fertig wurde.

„Dich ärgert heute die Fliege an der Wand“, hatte Fred in jenen Stimmungstagen einmal zu ihr gesagt.

„Na und?“

Solche Worte waren sicherlich dem Sprachgebrauch der Enkelin entnommen, ich fand sie jedenfalls nicht zu ihrem Alter passend.

„Wer den blöden Ausspruch erfunden hat, dem wünsch ich zur Nachtruhe oder morgens um fünf ’ne Fliege an die Wand, ’ne dicke blaue, die alle paar Sekunden ihren Standort verläßt, ihm um die

Ohren summt, seine Nase kitzelt. Er macht Licht, faltet die Zeitung, schlägt nach der Fliege an der Wand, trifft natürlich daneben."

Fred amüsierte sich, wie so oft, über Kat. Ich fand ihn ungerecht und verteidigte sie: „Katharina ist nie schlechter Laune."

Meine unerklärliche Mißstimmung verschwand, als ich den Brief eines Freundes aus meiner Ingenieurzeit las. Ein einziger Satz bewirkte diesen Wechsel: „Wir haben es gefunden: Hundert Prozent tropen- und kältesicher, einsetzbar in Sibirien und bei den ‚Von der Sonne Verbrannten'." Letzteres war das aus dem Griechischen übersetzte Wort für die Äthiopier, das mir schon immer für diese dunklen schönen Menschen gefallen hatte.

„Du bist ja völlig verändert", sagte Kat während des Mittagessens. „Die letzten vierundzwanzig Stunden hab ich mich gewarnt: Halt Abstand von deinem Tischgenossen. Nicht wahr, Lorchen?"

Die Serviererin lächelte. Das war die Höhe. Als verantwortlicher Leiter, der sich Launen nicht leisten kann, hatte ich mir eingebildet, meine Stimmungen unter Kontrolle zu halten, da kommt Kat, zieht taktlos, wie so oft, auch noch die Serviererin mit hinein, und beide Weiber behaupten in voller Übereinstimmung, ich hätte mich gehenlassen. Dabei hatte ich Kat während ihres Tiefs Fred gegenüber verteidigt.

„Lorchen!" Bisher hatte ich nicht bermerkt, daß sich Kat kumpelhaft verhielt, sondern sie eher darum beneidet, wie natürlich sie ihre Mitmenschen von der Badefrau bis zur Koryphäe behandelte. Alles unwichtig im Vergleich zur Nachricht vom Ingenieur. Die Freude kehrte zurück, während Kat ihren Pudding aß und ich meine Orange.

„Kommt die Sonne heraus, laufe ich ein Stück“, sagte Kat. „Hast du auch Lust, melde dich nach der Ruhezeit.“

Um ein bißchen Sieger zu bleiben, erwiderte ich: „Falls meine Kopfschmerzen endgültig fortbleiben.“

Sie sagte nicht: Ach, das war's, entschuldige! Sie schwieg. Ihre durchsichtigen silbergrünen Augen machten mich selber durchsichtig, ich wußte, sie weiß, und kam mir vor wie ein dummer Junge.

Die Sonne schien, ich klopfte überpünktlich an ihrer Tür. Sie war schon im Mantel und griff nach ihrem Knüppel, den ich durch einen Haltegriff verschönt hatte.

Noch war ich nicht sicher, ob ich von dem Brief des Ingenieurs sprechen würde, als sie begann: „Ich habe Post von Sylvia.“

„Was schreibt sie denn?“ fragte ich, nicht sehr interessiert.

„Am besten, ich geb dir den Brief später zu lesen.“

„Heute scheint ein guter Tag zu sein. Nach Jahren höre ich, eine Erfindung ist gelungen. Weißt du, in solchen Augenblicken merkt man, wie einem das alles ans Herz gewachsen ist, ich bin so glücklich, und dabei war's für mich damals keine glückliche Zeit.“

Da war ich schon beim Erzählen.

Dem Forscherkollektiv war es gelungen, mit Hilfe eines Kunststoffes ein Geräteteil aus Metall zu ersetzen. Das heißt, die chemische Erfindung stammte von den Forschern, die praktische Ausführung von einer Brigade, die sich aus Arbeitern und Ingenieuren zusammensetzte. Genauer möchte ich nicht werden, um Protesten von Chemikern, Ingenieuren und Arbeitern zu entgehen, es sei ganz anders gewesen.

Ich hatte von einem Betriebsroman gehört, seine Geschichte und die Probleme der Wirklichkeit entnommen, aber so verfremdet, daß der VEB nicht erkenntlich war. Der Autor hatte sich in mehreren Werken umgesehen. In dem Roman kam nur ein einziges unfähiges Leitungsmitglied vor, alle anderen waren positive Helden. Nach dem Erscheinen des Buches erhielt der Schriftsteller aus allen Werken, in denen er sich aufgehalten, den Vorwurf, das Buch sei zwar gut, aber warum hätte er ausgerechnet den Unfähigen aus ihrem Betrieb kopieren müssen!

Ich blieb also allgemein, obwohl ich, stolz oder nicht stolz, zugab, einer der drei Ingenieure war meine Wenigkeit. Da es sich zunächst um Anwendung auf hydraulischem Gebiet handelte, wurde ich hinzugezogen. Der Kunststoff erwies sich in der DDR als wirklicher Erfolg. Jubel und dicke Prämien. Verdientermaßen. Solche Erfindungen fallen nicht vom Himmel. Die Chemiker arbeiten jahrelang daran, dies und das wird zusammengetragen, verworfen, neu probiert, jeder beteiligte Wissenschaftler fügt sein Millimeterchen oder Grämmchen hinzu, gelingt es endlich, weiß, wer ehrlich denkt, kaum mehr, wem der größte Erfolg am Bau dieser Erfinderpyramide zuzuschreiben ist.

Nun gut, die letzte Überlegung gehört nicht direkt zu meiner Geschichte, aber Kat nickte heftig Zustimmung.

Als die Erfindung in die Praxis sollte, bastelten Ingenieure, Techniker und Arbeiter, alle sehr qualifiziert, noch einmal daran herum, auf manchem Umweg, manchmal verzweifelt, bis der Erfolg da war. Das Produkt ließ sich in der DDR ohne Abstriche anwenden.

Als es zum Export kam, äußerte ich Bedenken. Wie würde sich das Material unter tropischen Bedingungen verhalten? Die Chemiker sagten: Haben wir geprüft, geht in Ordnung. Die Ingenieure sagten: Diese Auskunft genügt uns. Der Produktionsbetrieb war der gleichen Meinung. Ich protestierte, mir genügte das nicht. Ich wollte es schriftlich von den Chemikern haben und das Material persönlich in einer Klimakammer erproben. Wie lange hat man es tropischen Bedingungen unterworfen? „Hast kein Vertrauen, Miesmacher, Exportbremser." Ja, das Wort „destruktiv" fiel. Wütend über die anderen und bereits mit neuen Aufgaben beschäftigt, ich sagte schon, ich war nur hinzugezogen worden, ließ ich die Sache auf sich beruhen.

Nach sechs Monaten kehrte ich zurück, und was hörte ich als erstes? Der Kunststoff hielt dem Tropenklima nicht länger als acht Wochen stand. So haben wir in der „dritten Welt“ ein Land getäuscht, unseren Ruf, der insgesamt gut war, in diesem Fall verdorben. Die Teile mußten in Metall nachgeliefert werden.

„Und nun kommt das Schönste: Der Schuldige war ich. Als Tropenkenner hätte ich darauf bestehen müssen usw. Ein Disziplinarverfahren wurde erwogen. Damals hab ich in drei Wochen erreicht, was mir hier während der Kur nicht zu gelingen scheint, ich verlor zehn Pfund an Gewicht.“

„Warst du sehr erbittert?“ fragte Kat.

„Erbittert und enttäuscht.“

„Sag, ist dir niemals der Gedanke gekommen, aus der Partei auszutreten? Mir nutzt nur eine ehrliche Antwort.“

Ich war erstaunt über ihre Frage. „Wenn die Genossen mir, dem Abwesenden, den Schwarzen Peter zuschieben wollten, ist das niederträchtig, aber das berührt doch nicht die Richtigkeit meiner Weltanschauung. Ich hab mal von jemandem gehört, er habe den Glauben an Gott verloren. Das kann mir mit dem Marxismus-Leninismus nicht passieren, weil er kein Glaube, sondern wissenschaftlich bewiesen ist.“

Etwas völlig Unerwartetes geschah, Kat stellte sich auf die Zehenspitzen und gab mir einen Kuß. Kaum hatte ich mich davon erholt, sagte sie: „Die Strafe hättest du zu Recht verdient.“

Ernüchtert wartete ich auf eine Erklärung und erhielt sie.

„Daß sie dich zum Sündenbock machen wollten, ist eine Gemeinheit, aber verantwortlich für das Tropenklima warst du, niemals hättest du dich mit halbgeprüftem Material abfinden dürfen. Da siegte mal wieder deine Empfindlichkeit, du hast gedacht, laß sie ins Messer laufen, wenn sie mich für destruktiv halten. Das enttäuscht mich."

„Der Betriebsleiter und seine Planerfüllung siegten."

„Und gegen die angedrohte Strafe hast du dich auch nicht gewehrt", fuhr sie fort. „Man kann doch die Schlechten nicht gewinnen lassen. Wie ist es denn ausgegangen?"

„Es hat genügend Vernünftige gegeben, die dagegen Einspruch erhoben, und das hat mir gutgetan."

„Darüber bin ich froh", sagte sie. „Übrigens hätte ich dich getröstet. Ich hab nämlich auch einmal eine Parteistrafe bekommen."

Sie hat immer wieder Überraschendes auf Lager, dachte ich.

„Das war in einer ganz anderen Zeit und Situation, und ich kann dich weiterhin trösten, auch ich habe keinen Einspruch erhoben."

„Fred würde jetzt sagen: Du bist das widersprüchlichste Weib, das mir je begegnet ist. Aber ich trau mich das nicht."

„Ach, weißt du, das war in den fünfziger Jahren, als ich Leiter dieser Reisedelegation in die Sowjetunion war ..."

Die Delegierten besuchten eine Ausstellung zeitgenössischer russischer Künstler. Eine sachverständige und liebenswerte Dolmetscherin begleitete sie und erklärte vor einem Riesenbild mit vielen Helden drauf, dieser Maler habe eine hohe Auszeichnung erhalten. „Du kennst ja meine große Klappe, ich fragte sie leise, nicht alle haben es gehört: ‚Die Auszeichnung richtete sich wohl nach der Größe des Bildes?' Ein dankbarer Blick von der Dolmetscherin und ein Lächeln, das sie zu verbergen suchte.

Da war so ein ganz eifriger deutscher Genosse dabei, der meldete die Sache zu Hause, also gab es ein Parteiverfahren für ungehöriges Verhalten in einem Bruderland."

Kat schwor, sie habe vor lauter Helden nicht beachtet, daß Stalin den Mittelpunkt des Bildes darstellte. Parteiausschluß wurde erwogen, doch wegen „früherer Verdienste" einigte man sich auf eine Rüge.

„Weißt du, damals herrschten strenge Sitten bei uns, und wenn heute jemand über Enge klagt – ich auch –, hat sich, im Vergleich zu dieser Zeit, vieles geändert, natürlich ist noch Raum zu weiterer Verbesserung vorhanden."

Ich ahnte, daß es dieselbe Reise in die Sowjetunion war, auf der Kat den Wissenschaftler und früheren Nazijungen mit ihrer klugen kameradschaftlichen Haltung geholfen hatte.

„Ich bin, wie gesagt, niemals um Streichung eingekommen und weiß bis heute nicht, ob sich die Rüge noch in meiner Kaderakte befindet."

Kat blieb stehen und setzte sich ein wenig schwerfällig auf einen gefällten Baumstamm.

„Immer lauf ich länger, als ich eigentlich kann", sagte sie. „Warum lern ich nicht, meine Kräfte richtig einzuschätzen?"

„Weil du Vergnügen am Wandern hast, viel schlimmer wär's, wenn es dir gleichgültig wäre und du aufstecktest."

Sie sah mich dankbar an. Es wehte ein kalter Wind, ich schlug ihr vor, beim fünf Minuten entfernten Forsthaus auf der geschützten Bank eine Pause einzulegen. Sie willigte ein. Kaum hatten wir uns dort niedergelassen, sagte sie: „Das hier erinnert mich an einen falschen Rat, den ich mal jemandem gegeben habe."

„Und ich dachte, du bist fehlerlos, hast immer recht."

Das brachte sie auf. „Was für eine dumme, taktlose Bemerkung, gehen wir."

Ich gedachte eines Rates von Eva, man müsse ein Gespür für die Stimmung der Mitmenschen entwikkeln. Einmal tut weh, worüber man ein andermal lacht. Es tat mir leid, Kat war doch sonst hart im Nehmen. Ich lenkte ein, versuchte, sie in bessere Laune zu bringen, erwähnte den Brief von Sylvia und bat, ihn lesen zu dürfen.

Kat war nicht nachtragend.

Die Enkelin teilte der Großmutter in sauberer Handschrift mit, daß sie Kandidat der Partei werden wolle, aber da gebe es Probleme. Sie schrieb: *Kann ich Mitglied der Partei werden, auch wenn ich manches im ND und in der Aktuellen Kamera langweilig finde? Kann ich so was als Mitglied der Partei auch sa-*

gen? Und wenn ich erlebe, in unserem Betrieb wird der Jahresplan nicht erfüllt, irgendwie wird er präzisiert, und dann stimmt er doch wegen der Jahresendprämie. Und wenn ich die Berichte schreibe, ist das Farbband schlechter als früher, das Kohlepapier auch, aber die Berichte sind gut. Und wenn ich finde, ein paar Genossen sind so mies, daß sie gar nicht in die Partei gehörten. Na, Du wirst fragen, ob's auch Gründe gibt, warum ich in die Partei will. Aber die kennst Du ja: weil ich den Sozialismus gut finde und nirgendwo anders leben möchte als bei uns, weil ich Lenin, Erich Honecker und Dich mag, weil ich will, daß Derek hier groß wird. Armut und Arbeitslosigkeit stell ich mir schrecklich vor. Und das Schlimmste, die Kriegsgefahr. Da will ich nicht draußen stehen und zugucken. Da will ich echt dazugehören.

Wenn die Partei mich fragt, würde ich auch als Partisanin nach Nikaragua gehen, wenn Du inzwischen den Derek nimmst. Omi, was schreibt man denn da so als Begründung?

Ich mußte lachen und fragte Kat, was sie ihr antworten würde.

Kat hatte bereits mit ihr telefoniert und gesagt: „Füll deinen Bogen aus, die Begründung brauchst du nicht von mir."

Ich beneidete sie. Wenn Jeannette doch auch soweit wäre. Trotzdem schien mir, daß der Entschluß ihrer Enkelin auf etwas wackligen Füßen stand. Kat stimmte mir nicht zu. Sylvia hatte ernsthaft darüber nachgedacht und bereits zu Hause erwähnt, daß die Beiträge ganz schön ins Geld gingen. „Ich knabbere schon an Soli, DSF, FDJ – und jetzt noch mal zwölf Mark im Monat. Wie soll ich da mein Urlaubsgeld zusammenkriegen?“

Daraufhin fand ich dieses Mädchen schon ganz und gar nicht kandidatenwürdig, sagte das auch und schlug vor, sie solle einmal nicht an sich selbst, sondern an ihre Omi denken, was *die* für Opfer gebracht habe. Und der Enkelin sind zwölf Mark zuviel!

„Mir gehn die Leute auf den Wecker, die das Heute ständig mit dem Früher vergleichen“, erwiderte Kat. „Man soll unsere Vergangenheit achten. Wenn wir Kämpfer gegen den Faschismus – heute alles alte Leute, und täglich werden es weniger – vom Staat verwöhnt werden, finde ich's richtig, aber mir ist es ganz lieb, daß Sylvia die Realitäten kennt, sich über Dinge ärgert, die mich, etwas anders gesehen, auch ärgern, und nicht mit Idealen über einen Sozialismus, den wir vielleicht in zwanzig Jahren besitzen werden, zu uns kommt. Das hielte ich für unsicheren Boden.“

Vielleicht hatte Katharina recht.

Die Sonne schien, wenn auch noch nicht sehr warm. Bevor wir weitergingen, sah ich mich nach dem Forsthaus um, das idyllisch eingebettet zwischen Wald und Wiesen lag. Quellwasser sickerte durch ein Röhrchen in einen Brunnen. Wetterhahn und Fernsehantenne standen brüderlich nebeneinander auf dem Dach.

„Hier hat die Lore mit Mann und Kindern früher gewohnt.“

„Unsere Serviererin?“ fragte ich erstaunt.

Kat nickte. „Als ich das erstemal zur Kur herkam, vor ungefähr acht Jahren, hab ich mit ihrer Familie in diesem Haus Kaffee getrunken. So harmonisch, gemütlich, wie es von außen wirkt, war es auch drinnen.“

Kat erzählte, wie sie mit Frau Lore bei ihrer ersten Kur während des Servierens ins Gespräch gekommen sei, die junge Frau Vertrauen zu ihr gewonnen und sie um Rat in einem Dilemma gebeten habe.

Nachdem Kat die Serviererin angehört hatte, beschloß sie, mit deren Mann zu sprechen, und wurde daraufhin zum Kaffee eingeladen. Ihr begegnete ein kräftiger schöner Mensch, die Lore war ja auch eine propere Frau, wenn man sie sich ohne die Servierschürze vorstellte. Nach dem ersten Satz spürte Kat seine Liebe zum Beruf, verknüpft mit großem Interesse für Umweltschutz. Damit war er Kat sofort sympathisch. „Man muß ja nicht ein Grüner sein, um den Umweltschutz ernst zu nehmen.“ Jahre war er nun schon Revierförster. Er war Genosse. Seine Leistungen sprachen sich herum, er wurde ein Jahr auf die Parteischule delegiert, nur zum Wochenende kam er heim, jedesmal fünf Tage Vorfreude für Lore, die das Ende seines Studiums herbeisehnte. Als das Jahr herum war, machte ihm die Bezirksleitung den Vorschlag, hauptamtlicher Parteisekretär im Ort zu werden. Geradezu entsetzt lehnte er ab. Es begann die Überzeugungsarbeit: Der alte Parteisekretär gehe in Rente, sei sowieso schon überfordert gewesen, nun solle ein Jüngerer übernehmen. War das nicht ein richtiges Prinzip? Und stände die Arbeit mit den Menschen nicht höher als die mit Bäumen und Tieren?

„Meine Arbeit leiste ich jetzt schon für die Menschen", entgegnete er matt. „Wählt euch einen gleichgültigen Förster aus."

„Gleichgültige können wir aus keinem Beruf brauchen."

„Für den Posten gibt's zehn andere. Warum gerade mich?"

„Das sagt mein Enkel auch zu mir: ‚Warum immer ich.'" Kat fand ihre Antwort selbst dumm und entschuldigte sich beim Förster.

Seine Frau wurde blaß. „Ich will hier nicht raus, man kann mich mit keiner modernen Stadtfernheizung locken", sagte Lore. Von ihrer Seite also auch keine Unterstützung.

Als die Partei ihn das drittemal fragte, sagte er zu.

Drei Jahre später, bei Kats zweiter Kur, traf sie ihn wieder, er war unglücklich und, wie er sagte, weit davon entfernt, ein guter Parteisekretär zu sein.

Dann kam ein Brief von Lore. Ihr Mann sei gestürzt und bereits monatelang mit verletzter Wirbelsäule im Krankenhaus. Nun ging es darum, daß der Arzt ihm zurate, sich eine leichtere Tätigkeit zu suchen, am besten nur halbtags. Herbert sei etwas angeboten worden, was mit Umweltschutz zu tun habe. Jetzt frage er sich, ob er das Recht habe, den Parteisekretär aufzugeben.

Kat antwortete, wenn ihm nach dem Unfall Sitzen und Gehen schwerfielen und der Arzt ihm einen anderen Beruf empfehle, könne er mit bestem Gewissen zur neuen Arbeit hinüberwechseln.

Kats Rat gab den Ausschlag. Die Partei stimmte zu und sagte ihm: Du bist sowieso noch ein paar Monate außer Gefecht, erhole dich, kannst noch immer zurückkommen, zunächst macht dein Zweiter weiter.

„Und diesmal“, fuhr Kat fort, „diesmal traf ich Herbert auf der Straße, bevor ich überhaupt ein Wort darüber mit Frau Lore gewechselt habe. Mein erstes Gespräch mit ihr ging ja darum ...“, sie lachte schallend, so daß sich die Leute umdrehten, wir hatten bereits die Stadt erreicht, „ging darum, wie ich dieses Zweizentner-Ekelpaket, das man mir an Tisch Nr. 5 gesetzt hatte, loswerden könnte.“

Ich teilte ihren Humor nicht.

„Also ich treffe den Herbert vor der Post, er hinkt leicht, lächelt mir zu. Ich frag, wie es ihm gesundheitlich gehe ... Manchmal hat er Schmerzen in der versehrten Wirbelsäule, das wird wohl nie besser werden, eher schlechter. Er muß ständig ein Korsett tragen. Ich setz mich mit ihm auf die Bank im Vorraum der Post, du weißt, stehen kann ich viel schlechter als laufen, ich wollte wissen, wie es nun in dem neuen Beruf sei, ungefähr zwei Jahre mußte der Wechsel her sein. Ironie, Lächeln, Verlegenheit oder von jedem etwas, ich wußte es nicht zu deuten. Und Herbert sagte: ‚Ich habe nicht gewechselt, ich bin immer noch Parteisekretär.‘

Herbert hat damals drei Monate mit der Arbeit aussetzen müssen. In dieser Zeit, ja bereits im Krankenhaus, kamen Genossen zu ihm, wollten seinen Rat bei Ärgernissen, kamen mit konkreten Fragen und entschuldigten sich dafür. Kaum konnte er laufen, besuchte er seine Arbeitsstelle. Der Zweite war dankbar für seine Hilfe. Und Herbert berichtete weiter: ‚Und weißt du, bevor ich wieder gesund geschrieben wurde, war ich sozusagen als Ehrenamtlicher tätig und merkte zum erstenmal – drei Jahre hat das gedauert –, hier bist du zu Haus, leistest etwas, die Menschen brauchen dich.'"

Kat wandte sich mir zu. „Ich aber hatte ihn nicht gut beraten, also die Moral von der Geschichte: Spiel nicht Schicksal für andere. Er bewährt sich, weil er mit den schlechten Angewohnheiten seines Vorgängers endlich aufgeräumt hat. Es war eine Freude, ihn zu sehen. Nur der Wald fehlt ihm noch immer."

Wir hingen den eigenen Gedanken nach. Ich wunderte mich, daß sie mir diese Geschichte von Lore und deren Mann erst so kurz vor Ende der Kur erzählt hatte. Sie konnte also doch diskret sein, wenn es um das Privatleben ihrer Freunde ging. Freunde? Es handelte sich um eine Zufallsbekanntschaft, um die Serviererin vom Tisch Nr. 5. Was war die Lore denn für mich, der dort täglich drei Mahlzeiten einnahm, bisher gewesen? Ein Arm, der die Teller hinstellte und, falls ich einmal aufblickte, ein nicht einprägsames Gesicht; allenfalls merkte ich, wenn sie das Haar frisch gewellt trug. Bitte, danke, mal ein Wort übers Wetter.

Am letzten Tag der Kur übergab ich ihr, ohne daß Kat dabei war, zum zweitenmal den kleinen indischen Buddha; nicht nur als Dank für die freundliche Bedienung, sondern als Dank dafür, daß Katharina und ich zusammen unbehelligt von anderen am Tisch Nr. 5 bleiben durften.

Abschied von Katharina. Festes Versprechen, sich in Berlin wiederzusehen. Austausch von Adressen und Telefonnummern. Ich blieb nicht lange zu Hause, Verhandlungen und schnelle Hilfe für Äthiopien. Ich dachte dort manches Mal an sie, versuchte sogar, die berühmte Schlucht mit den menschlichen Fossilien fünfhundert Kilometer von Addis Abeba entfernt aufzusuchen, aber Elend und Dürre verlangten vollsten Einsatz, an den Luxus solcher Reise war nicht zu denken.

Nach der Rückkehr bat mich meine Frau, die Professorin Katharina einzuladen. „Du hast doch stundenlang vor ihr erzählt."

„Unbedingt, aber bei dem jetzigen Arbeitsanfall – warte noch etwas."

„Zwanzig Prozent sind Bürokratie, hast du gesagt, laß zehn Prozent weg und verwende die gewonnene Zeit auf Menschliches."

Leicht gesagt.

Acht Monate nach der Kur, im Oktober 1985, las ich die Todesanzeige. Meine Katharina, Kat, Katze, Hexe. Ich konnte mich lange nicht auf die Arbeit konzentrieren. Jetzt vertat ich meine Zeit, die ich für sie nicht gehabt hatte. Warum traf es mich so sehr? Ein schlechtes Gewissen brauchte ich nicht zu haben. Sie hatte zahlreiche Freunde und Verwandte. Ich war nur eine Vierwochen-Kurbekanntschaft am Tisch Nr. 5 gewesen. In ihrem Alter ist Sterben etwas Normales; hoffentlich war es schnell gegangen.

Ihr Tod war logisch, aber nicht für mich.

Zehn Tage später kam ein Päckchen mit mir unbekanntem Absender. Es war an mich und nicht an Eva adressiert. Ich öffnete es: eine Schachtel, halb so hoch wie ein Schuhkarton, und ein Brief.

Ich knüpfte die Schnur um die Schachtel auf, Schnüre mit Scheren durchschneiden mag ich nicht, öffnete zuerst die Schachtel, setzte mich hin, schaute den Inhalt an, und es war gut, daß ich ein paar Minuten Ruhe hatte. Vor mir lag ein blaues Kinderjäckchen.

Ich öffnete den Brief. Er war von Kats Enkelin.

Die Omi hat uns beim Stricken von Ihnen erzählt. (Sicherlich war sie wieder indiskret gewesen, dachte ich, und meine Sehnsucht schmerzte geradezu.) *„Es ist für seine Enkelin. Ich stick noch ein paar Blumen drauf“, hat sie gesagt. Gefallen Ihnen die Margeriten? Dann konnte sie Ihre Adresse nicht finden. Im Telefonbuch standen Sie auch nicht. „Macht nichts“, hat Omi gesagt, „der Horst meldet sich bestimmt mal bei mir.“ Nun haben wir im Nachlaß meiner Omi Ihre Adresse gefunden. Die Omi war vergeßlich, aber nur in den Kleinigkeiten, die wichtigen Sachen hat sie nie vergessen. Sie war bis zur* *letzten Stunde die Beste und Klügste von uns allen. Ich kann es noch gar nicht fassen.*

Bei ihr auf dem Schrank haben wir einen komischen Knüppel gefunden, ich glaube, der hatte auch mit Ihnen zu tun.

Ich legte den Brief in die Schreibtischschublade, wo jene Dinge liegen, die nie vernichtet werden sollen.

Unwiederbringliches war verloren.